KLASSIKER

DR. OETKER

—VERLAG—

SEIT 1891

AFTER WORK KÜCHE

DIE DR. OETKER GELING-GARANTIE

UNSER VERSPRECHEN

Liebe Leserin, lieber Leser,

mit den Rezepten in unseren Koch- und Backbüchern möchten wir Sie und Ihre Lieben glücklich machen. Zum Glück braucht es den Erfolg, und den kaufen Sie mit jedem Dr. Oetker Buch gleich mit.

Dafür gibt es die *Dr. Oetker Geling-Garantie*. Sie ist unser Versprechen, dass alle Rezepte aus diesem Buch ganz einfach und sicher gelingen. Die Geling-Garantie startet schon bei der Zutatenliste: alle Zutaten, die wir verwenden, sollten Sie leicht in Ihrem Supermarkt vor Ort einkaufen können. Jeder Zubereitungs-Schritt ist klar und einfach nachvollziehbar.

Eine Garantie können wir Ihnen aber auch deshalb mit gutem Gewissen geben, weil alle Rezepte dieses Buches von unserem erfahrenen Team entwickelt wurden. Anschließend haben wir jedes Gericht in einer ganz normalen Küche nachgekocht oder nachgebacken. Immer wieder. So lange, bis wir uns sicher waren, dass es gelingt. Und zwar auch bei Ihnen zuhause.

Was wir versprechen, halten wir auch. Sollte beim Kochen oder Backen eines unserer Rezepte dennoch etwas daneben gehen oder Ihnen einfach nicht schmecken, dann lassen Sie es uns wissen. Schreiben Sie oder rufen Sie uns an! Wir werden das Rezept nochmals kritisch prüfen und Ihnen helfen, herauszufinden, woran es gelegen haben könnte. Sie erreichen uns über die Dr. Oetker Service-Hotline unter: 00800-71727374, Mo–Fr 8:00–18:00 Uhr sowie Sa 9:00–15:00 Uhr. Oder schreiben Sie uns eine E-Mail unter: contact@zsverlag.de

Natürlich freuen wir uns aber auch über weitere Rückmeldungen und auch über Lob. Ihre Ideen, Kommentare und Fragen können Sie jederzeit auch über Facebook posten: www.facebook.com/Dr.OetkerVerlag. Wir sind für Sie da. Garantiert.

Mit herzlichen Grüßen
Ihre Dr. Oetker Redaktion

FÜR 2 PERSONEN

Fruchtmix mit Kokosgrieß (S. 52)	Obstsalat-Mix/Salattheke, Vanille-Grießbrei/Kühlregal
Gegrillte Bananen mit Crème-fraîche-Dip (S. 58)	Crème fraîche, Bananen
Graupen-Salat in Paprikahälften (S. 70)	Weißkohl, Paprika
Tortellini-Salat (S. 80)	Tortellini, Tomaten

FÜR 4 PERSONEN

Chili-Basilikum-Pasta (S. 86)	Basilikum, fertig gewürztes Geschnetzeltes
China-Nudelsuppe mit marinierter Lende (S. 58)	Schweinefilet, Frühlingszwiebeln
Datteln in heißem Marsalasirup (S. 130)	Datteln, Vanilleeis
Himbeer-Buttermilch-Kaltschale (S. 86)	Himbeeren, Buttermilch
Knusprige Apfelspeise (S. 108)	Äpfel, Sojacreme zum Aufschlagen
Linguine mit Ziegenfrischkäse-Sauce (S. 99)	Frühlingszwiebeln, Cocktailtomaten
Maronen-Espresso-Creme (S. 90)	Sahnequark oder Seidentofu
Mousse au chocolat, Vegane (S. 18)	Sojacreme zum Aufschlagen
Obstsalat mit Likör-Schmand (S. 36)	Obstsalat-Mix/Salattheke, Schmand
Orientalische Salatplatte (S. 110)	Frühlingszwiebeln, Joghurt
Pikanter Nudelsalat mit Hähnchenfilet (S. 92)	Frühlingszwiebeln, Hähnchenfiletstreifen/Kühlregal
Roasted Tuna-Burger (S. 104)	Tomaten
Süßer Couscous-Salat (S. 78)	Pflaumen, Birnen
Grüne Bandnudeln mit Tomaten-Aprikosen-Sugo (S. 98)	Tomaten, Aprikosen
Weintrauben-Trifle (S. 134)	Weintrauben, Pflanzencreme zum Aufschlagen
Weißer Bohnensalat mit Paprika und Tomate (S. 76)	Tomaten, Paprika
Zimtjoghurt mit Bananensalat (S. 22)	Banane, Joghurt

FÜR GÄSTE

Birnen mit Mascarpone (S. 96)	Magerquark
Bohnen-Hack-Aufstrich (S. 75)	Rindergehacktes, Schmand
Erdbeer-Kokos-Trifle (S. 24)	Erdbeeren, Vanilla-Quark
Makkaroni-Sardinen-Frittata (S. 44)	Lauch, Milch
Pikante Tex-Mex-Creme (S. 74)	Frischkäse, Kochschinken

IHRE ULTIMATIVE „LOOK-AND-COOK-LISTE”

KOCHEN NACH DEM LUSTPRINZIP!

GERICHTE MIT LIEBLINGSZUTATEN

Der Tag ist geschafft, endlich Feierabend! Jetzt fehlt nur noch ein leckeres Essen, damit Sie und Ihre Lieben einen entspannten Abend einläuten können. Beim Stöbern im Kühl-, Gefrier- oder Vorratsschrank fällt Ihr Blick gerade auf etwas, auf dass Sie jetzt richtig Appetit verspüren? Nur fehlt Ihnen die zündende Idee dazu, wie sich daraus rasch eine tolle Mahlzeit zubereiten lässt?

Kein Problem, denn auf der folgenden Seite finden Sie eine Übersicht mit leckeren, ausgewählten Zutaten. Zutaten, die Genießer und alle, die sich gesund ernähren möchten, sicher gern jederzeit im Kühl- oder Küchenschrank eine gewisse Zeit auf Vorrat haben. Dazu finden Sie dann die passenden Blitzrezept-Ideen aus unserem Buch.

Artischockenherzen, Tunfisch, Lachs, Käse oder auch mal Tofu lassen jedes Genießerherz höher schlagen. Mit nur wenigen weiteren Zutaten zaubern Sie daraus im Nu etwas Köstliches, dass nicht nur Ihrem Appetit entgegen kommt. Lassen Sie sich inspirieren und servieren Sie ohne großen Aufwand Gerichte, mit denen Sie auch bei echten Feinschmeckern richtig punkten können.

Artischockenherzen (Dose)	Puten-Gemüse-Fajitas (S. 48) Gefülltes Fladenbrot (S. 73)
Bulgur	Bulgur-Orangen-Salat (S. 18) Bulgursalat (S. 20) Schmortomaten mit Tunfisch-Zwiebel-Topping (S. 78) Orientalische Salatplatte (S. 110)
Couscous	Pfannengemüse mit Orangen-Couscous (S. 38) Süßer Couscous-Salat (S. 78) Bunte Paprikaspieße mit Couscous (S. 126)
Eier	Makkaroni-Sardinen-Frittata (S. 44) Kohlrabi-Kräuter-Frittata (S. 106) Würzige Popovers (S. 118) Kräutermaultaschen (S. 132)
Frischkäse	Rote-Bete-Tatar mit Wasabi-Frischkäse (S. 21) Karamellisierte Früchte mit Frischkäse-Kokos-Topping (S.40) Pikante Tex-Mex-Creme (S. 74) Linguine mit Ziegenfrischkäse-Sauce (S. 99) Kohlrabi-Kräuter-Frittata (S. 106) Melonen-Gazpacho mit Ziegenfrischkäse-Nocken (S. 114)
Garnelen, gegarte	Skandinavischer Nudelsalat (S. 94) Blitz-Tomaten-Garnelen-Eintopf (S. 52)
Gemüsemais (Dose)	Chili-Corn-Hushpuppies (S. 22) China-Nudelsuppe mit marinierter Lende (S. 58) Maissuppe mit Brätklößchen (S. 62) Pikante Tex-Mex-Creme (S. 74) Skandinavischer Nudelsalat (S. 94) Kohlrabi-Kräuter-Frittata (S. 106) Tortilla vegetariana (S. 116)
Käse	Grilled-Cheese-Toasts (S. 32) Schmortomaten mit Tunfisch-Zwiebel-Topping (S. 78)
Lachsfilet frisch/TK	Lachsküchlein (S. 122) Lachs- und Garnelen-Sesam-Dippers (S. 123) Lachsragout (S. 124)
Räucherlachs	Berglinsensalat mit Lachs und Dill-Dressing (S. 24) Curry-Kraut-Eintopf (S. 66) Lachspfannkuchen (S. 108)
Rote Bete	Bulgur-Orangen-Salat (S. 18) Rote-Bete-Tatar mit Wasabi-Frischkäse (S. 21) Orientalische Salatplatte (S. 110)
Tofu	Asiatischer Schichtsalat (S. 27) Tofuschnitten mit Nuss-Zwiebel-Kruste (S. 82) Maronen-Espresso-Creme (S. 90)
Tunfisch (Dose)	Schmortomaten mit Tunfisch-Zwiebel-Topping (S. 78) Roasted Tuna-Burger (S. 104) Piadine mit Pute al tonno (S. 119)

„BUSINESS-PLAN“ UND CLEVERE KÜCHENHELFER

SO WIRD DAS KOCHEN ZUR FLINKEN SACHE.

DAS RICHTIGE HANDWERKSZEUG MACHT VIELES LEICHTER

Mit perfekt gewählten Küchen-Utensilien arbeitet es sich einfacher, präziser und vor allem schneller.

Schon beim Vorbereiten von Gemüse, Fleisch oder Beilagen macht sich das bemerkbar. Wählen Sie zum Beispiel zum Putzen von Gemüse, bzw. Früchten möglichst kleine handliche, spitz zulaufende und gut geschärfte Messer. Damit lassen sich Schalen, Wurzelreste und Blätter mit exakten Schnitten flott entfernen.
Fürs Kartoffelschälen, aber auch für Gurken, Möhren, Äpfel und Birnen, ist zudem ein Sparschäler einfach unschlagbar. Gleichmäßig fein und zudem richtig flink, lässt es sich damit schälen. Mit etwas Übung und wenn die Klinge gut gepflegt ist, kann man damit sogar das Schälen von Spargel ohne großen Zeitaufwand erledigen.

Wenn es dann darum geht, Gemüse oder Obst rasch zu zerkleinern, Kräuter zu hacken oder auch Fleisch in Streifen zu schneiden, sollten Sie auf ein gut geschärftes, mittelgroßes Kochmesser mit breiter, beidseitig geschliffener Klinge wechseln. Perfekt wenn das Messer eine abgerundet zulaufende Spitze hat. Damit lassen sich wiegende Schnitte ausführen, ohne dass das Messer zwischen den Schnitten abgesetzt werden muss - so arbeiten auch die Profis. Das klappt ganz sicher nicht gleich beim ersten Mal, nach einiger Zeit und mit etwas Geduld, wird auch in Ihrer Küche das Vorbereiten zum Express-Job.

Die breite Schneide des Kochmesser lässt sich außerdem dazu nutzen, Kurzbratstücke (z. B. Medaillons, Schnitzelfleisch, Geflügelfilet) ebenmäßig flach zu klopfen, bzw. zu streichen. Ihr Vorteil: alles gart rasch und gleichmäßig durch.

Tun Sie sich selbst etwas Gutes: Lassen Sie Messer, mit den Sie wohlmöglich tagtäglich arbeiten, regelmäßig schärfen. Sie werden merken, dass es wirklich viel mehr Spaß macht, mit richtig gutem, stets einsatzfähigem, funktionalem Handwerkszeug zu arbeiten.

Kleinere Portionen Gemüse lassen sich aber, zum Beispiel für Rohkost, Saucen oder zum Braten, auch auf einer scharfen, groben Küchenreibe im Handumdrehen zerkleinern. Wenn es auf „Schönheit" nicht so ankommt, sogar in einem großen Mixer mit Intervall- (Plus-)Funktion kurz hacken. Das zerkleinerte Gemüse ist perfekte Basis für rasche Pasta-Saucen, kann im Wok gebraten, als Bratling geformt, in Eintöpfen geschmort oder für Füllungen verwendet werden.

Ein guter Mixer oder Pürierstab ist übrigens auch der Hit, wenn Pesto, cremige Saucen und Suppen zu ihren Rezept-Lieblingen gehören. Damit sind rohe, wie gegarte Gemüsezutaten blitzschnell auf dem Tisch.

Für alle, die ihre Gerichte gern mit frischen Zwiebel- oder Knoblauchwürfeln zubereiten, lohnt sich eventuell auch die Anschaffung eines Blitzhackers, den es elektrisch und auch handbetrieben gibt. Damit lassen sich auch Nüsse und Kräuter in kleineren Mengen rasch zerkleinern. Nur eins sollten Sie bei solch einem Haushalts-Helfer immer gleich erledigen: nach jeder Verwendung sofort gründlich mit etwas Spülmittel und heißem Wasser reinigen und gut trocknen lassen, sonst haben die Nüsse plötzlich ein unangenehmes Zwiebel-Aroma.

GELIEBTE PASTA-KÜCHE – SO GEHT ES NOCH FLOTTER

Planen Sie zufällig in naher Zukunft die Investition in eine neue Kochplatte? Dann lassen Sie sich auch über die Funktionsweise von Induktions-Kochfeldern informieren. Damit kann z. B. die gleiche Menge Wasser im Vergleich zu einer herkömmlichen Herdplatte in etwa der Hälfte der Zeit erhitzt werden. Auch wenn die Wartezeit, bis das Kochwasser zum Beispiel zum Garen der Pasta sprudelt, perfekt zum Vorbereiten anderer Zutaten genutzt werden kann, ist das eine praktische Sache.

Für das Erhitzen von Wasser gibt es aber auch noch einen anderen simplen Speed-Trick: In einem leistungsstarken Wasserkocher lässt sich die gleiche Menge Wasser deutlich rascher und energieeffizienter erhitzen, als auf einer herkömmlichen Herdplatte. Wenn also ein Wasserkocher griffbereit bei Ihnen in der Küche steht, setzen Sie nur etwa die Hälfte des benötigten Wassers in einem großen Topf zum Kochen auf. Dabei ist das Auflegen eines passenden Deckels auf jeden Fall Pflicht, denn durch solch einen simplen Handgriff lässt sich einfach mal bis zu 30 Prozent der Aufkoch-Zeit sparen. Das übrige Wasser im Wasserkocher erhitzen. Sobald es heiß ist, einfach mit in den Topf gießen.

Wer solch scheinbare Kleinigkeiten und häufig auch seit langem eingespielte Angewohnheiten beim Kochen neu durchdenkt und organisiert, kann viel Zeit einsparen und seinen Alltag und weniger beliebte Arbeiten deutlich praktischer gestalten. Perfekt, wenn man die gewonnene, freie Zeit zum Genießen und für all die anderen schöne Dinge des Lebens nutzt.

IM „TURBO“ DURCH DIE KÜCHE

TIPPS UND TRICKS.

Nach einem anstrengenden Tag am Arbeitsplatz oder in der Schule steht natürlich niemand gern noch lange in der Küche. Ganz und gar nicht beliebt ist dann das Abräumen und Säubern von Koch- und Essgeschirr. Nutzen sie deshalb diese kleinen Tricks, um beim oder direkt nach dem Zubereiten den späteren Abwasch und das Aufräumen so rasch wie möglich hinter sich zu bringen.

MEGA-PRAKTISCH: „ONE-POT" IST DIE DEVISE

Der Küchen-Trend aus USA „One-Pot“, bei dem für das komplette Gericht nur ein großer Topf oder eine Pfanne verwendet werden, ist natürlich bei allen, die wenig Zeit ins Zubereiten einer Mahlzeit investieren können oder wollen, der Hit. Reichlich Anregungen für solche Gerichte, die beim Zubereiten und Abwaschen doppelt zeitsparend sind, finden Sie z. B. in den Kapiteln Turbo-Eintöpfe (z. B. Ratatouille S. 65; Curry-Kraut-Eintopf S. 66), Power-Snacks (z. B. Roasted Tuna-Burger S. 104) und Fixe-Pfannen (z. B. Curry-Hähnchen-Pfanne S. 46; Asiatische Möhren-Steak-Pfanne S. 40). So unkompliziert kann Kochen sein, mehr Zeit können sie nicht sparen und der Abwasch ist auch in wenigen Minuten erledigt.

KOCHEN MIT DOPPELNUTZEN

Häufig sind es die sättigenden Beilagen, wie Nudeln, Kartoffeln, Gnocchi oder Reis, die leider etwas länger dauern, bis sie gegart auf dem Tisch stehen. Wenn Sie sich für eine solche Beilage entschieden haben, bereiten Sie doch gleich die doppelte Portion davon zu. Kartoffeln und gegarte Nudeln sind gekühlt, mit Folie bedeckt, bis zu 4 Tage im Kühlschrank haltbar, Pellkartoffeln sogar 5–6 Tage. Auch Reis lässt sich perfekt auf Vorrat garen, kann auch portionsweise eingefroren (bis zu 2 Monate) und dann in der Mikrowelle

aufgetaut und genussfertig erhitzt werden.
Apropos Mikrowelle: Da in der Mikrowelle die Portionen direkt auf dem Essgeschirr erhitzt werden, sparen sie die Reinigung von zusätzlichem Kochgeschirr.

Alle diese Beilagen stehen dann kurz erhitzt, mit einer leckeren, Sauce (aus dem Glas) oder einem Salat aus der Salatbar serviert, ganz rasch auf dem Tisch.
Auch praktisch: Jeder gut sortierte Lebensmittelmarkt führt mittlerweile auch Reis und Nudeln als vorgegarte Convenience-Produkte, die ebenfalls einfach in der Mikrowelle erhitzt werden. Die Produkte sind z. B. in Vakuumbeuteln verpackt auch länger lagerfähig und immer griffbereit.
Auch Instant-Couscous oder Bulgur sind eine prima Alternative, einmal kochen und als Beilage servieren, das zweite Mal am nächsten Tag für einen Salat verwenden.

PFIFFIG VORAUS PLANEN

Besonders lästig und zeitaufwendig ist es, angetrocknete Speise- und Bratenreste aus Töpfen oder Pfannen zu entfernen. Mit einem kleinen Trick lässt sich diese mühsame Küchenarbeit aber auf ein Minimum reduzieren. Pfanne oder Kochtopf von der Kochstelle ziehen, etwas abkühlen lassen und einige Tropfen Spülmittel hinein geben. Nun soviel Wasser einfüllen, dass möglichst alle Reste in Pfanne oder Kochtopf mit Wasser bedeckt sind. Wer will, stellt die Pfanne bzw. den Topf zurück auf die noch heiße Herdplatte. Das Wasser erwärmt sich und Krustenreste lösen sich später, wenn man mit dem Essen fertig ist, noch leichter. Das funktioniert auch bei verkrusteten Auflaufformen bestens.
So eingeweicht lösen sich auch Bratfettreste und Krusten am Pfannenwender oder Kochlöffel mühelos. Deshalb am besten gleich mit ins Einweichwasser in Pfanne/Topf legen. Sind Pfanne/Topf, Auflaufform und Bratenwender spülmaschinengeeignet, können sie anschließend natürlich auch mit in die Geschirrspülmaschine wandern und man erspart sich den Handabwasch.
Wer dennoch per Hand abwäscht, kann dann gelöste Krusten einfach mit Spülschwamm oder Bürste leicht entfernen.

Vitamine und Energie tanken für Job und Freizeit

VITAL MIT SALAT

Bulgur-Orangen-Salat

Zubereitungszeit: ⧗ 15 Minuten, ohne Abkühlzeit
Garzeit: etwa ⧗ 10 Minuten
⊕ Vegetarisch - laktosefrei

ZUTATEN FÜR 4 PORTIONEN

1 TL	Instant-Gemüsebrühe
200 g	Bulgur (vorgegarte, grobe Weizengrütze)
3 EL	Sonnenblumenkerne
1–2	Orangen
3 EL	Orangensaft (frisch gepresst oder Flasche; Kühlregal)
2 EL	Essig, z. B. Apfelessig
	Salz, gem. Pfeffer
½ TL	flüssiger Honig
4 EL	Olivenöl
1	mittelgroße Fenchelknolle (etwa 350 g)
2	große Frühlingszwiebeln
250 g	abgetropfte, eingelegte Rote Bete (Glas; Kugeln oder Scheiben)

PRO PORTION:

E: 8 g, F: 14 g, Kh: 46 g, kcal: 375

1. 500 ml Wasser und Instantbrühe in einen Topf geben und zugedeckt zum Kochen bringen. Bulgur einstreuen, einmal kurz aufkochen lassen. Dann den Topf von der Kochstelle nehmen und den Bulgur etwa 10 Minuten ausquellen lassen.

2. In der Zwischenzeit Sonnenblumenkerne in einer Pfanne ohne Fett kurz rösten, auf einem Teller erkalten lassen. Orange so schälen, dass die weiße Haut mit entfernt wird. Die Orange in Scheiben schneiden oder die Filets zwischen den Trennhäuten herausschneiden.

3. Orangensaft, Essig, etwas Salz, Pfeffer und Honig verrühren. Öl unterschlagen.

4. Fenchel und Frühlingszwiebeln putzen, abspülen und abtropfen lassen. Fenchel auf dem Küchenhobel in feine Streifen hobeln. Frühlingszwiebeln in feine Scheiben schneiden. Fenchel, Frühlingszwiebeln und Orangenstücke unter die Marinade mischen. Bulgur evtl. abtropfen lassen, ebenfalls untermischen, kurz abkühlen lassen.

5. Rote Bete evtl. in Spalten schneiden. Bulgur-Orangen-Salat abschmecken. Mit Sonnenblumenkernen und Roter Bete anrichten.

TIPP:

Für den extrahungrigen Männer-Haushalt: Servieren Sie dazu fertig gekauftes Hähnchendöner-Fleisch (150–200 g pro Person) oder gegarte, gewürzte Hähnchenbrust-Stücke (z. B. aus dem Kühlregal).

DESSERT-TIPP: VEGANE MOUSSE AU CHOCOLAT

150 g vegane Zartbitter-Schokolade (etwa 60 % Kakaoanteil) in kleine Stücke brechen, in einem kleinen Topf im Wasserbad bei schwacher Hitze unter Rühren schmelzen. Die Schokolade in eine Rührschüssel füllen und leicht abkühlen lassen (nicht im Kühlschrank).
200 g sehr gut gekühlte Sojasahne in einem schmalen, hohen Rührbecher cremig aufschlagen. Die Sojasahne mit einem Schneebesen unter die noch flüssige Schokolade rühren. Schokomasse in eine große, flache Schüssel füllen. Mit Frischhaltefolie bedeckt etwa 1 ½ Stunden oder über Nacht in den Kühlschrank stellen. Von der Mousse au chocolat mit einem Esslöffel Nocken abstechen und auf Dessertteller verteilen.

PRO PORTION:

E: 4 g, F: 20 g, Kh: 18 g, kcal: 276
Zubereitungszeit: ⧗ 15 Minuten, ohne Kühlzeit

Bulgursalat

Zubereitungszeit: ⧗ 30 Minuten,
ohne Abkühl- und Durchziehzeit
⊕ Vegan

ZUTATEN FÜR 4 PORTIONEN

200 g	grober Bulgur (Weizengrütze)
400 ml	Gemüsebrühe
1	Bio-Salatgurke
2	Fleischtomaten
1	gelbe Paprikaschote
1 Bund	Frühlingszwiebeln
1 Bund	glatte Petersilie
4	Stängel Minze

FÜR DIE SALATSAUCE:

4 EL	Zitronensaft
	Salz
	gem. Pfeffer
etwas	Zucker
	gem. Kreuzkümmel (Cumin)
6–8 EL	Olivenöl

PRO PORTION:

E: 8 g, F: 19 g, Kh: 47 g, kcal: 390

1. Bulgur in einem heißen Topf ohne Fett unter Rühren etwa 1 Minute anrösten. Dann die Brühe hinzugießen, zum Kochen bringen und bei schwacher Hitze zugedeckt in etwa 15 Minuten ausquellen lassen. Den Bulgur abkühlen lassen, dabei ab und zu durchrühren.

2. In der Zwischenzeit die Gurke abspülen, abtrocknen und die Enden abschneiden. Die Gurke in kleine Stücke schneiden. Die Tomaten abspülen, abtrocknen, halbieren und die Stängelansätze herausschneiden. Tomaten in kleine Würfel schneiden.

3. Die Paprikaschote halbieren, entstielen, entkernen und die weißen Scheidewände entfernen. Schote abspülen, abtropfen lassen und in kleine Würfel schneiden. Frühlingszwiebeln putzen, abspülen, abtropfen lassen und in feine Scheiben schneiden.

4. Petersilie und Minze abspülen, trocken tupfen und die Blättchen von den Stängeln zupfen. Blättchen fein schneiden.

5. Für die Sauce Zitronensaft mit Salz, Pfeffer, Zucker und Kreuzkümmel verrühren, Olivenöl unterschlagen. Die vorbereiteten Salatzutaten mit der Sauce vermischen. Den Bulgursalat zugedeckt etwa 1 Stunde durchziehen lassen.

TIPP:

T Bulgur ist grob zerkleinerter, eingeweichter, vorgekochter körniger Weizen. Das nussig schmeckende Getreide wird ähnlich wie Reis verwendet, hat aber einen höheren Gehalt an Eiweiß und einigen B-Vitaminen.

Rote-Bete-Tatar mit Wasabi-Frischkäse

Zubereitungszeit: ⧗ 15 Minuten, ohne Durchziehzeit
⊕ Vegetarisch

ZUTATEN FÜR 2 PORTIONEN

700 g	gegarte, geschälte Rote-Bete-Knollen (vakuumverpackt)
2 kleine	Frühlingszwiebeln
4–5 EL	Apfelessig
1 TL	flüssiger Honig
	Salz
	gem. Pfeffer
2 TL	Olivenöl
200 g	Frischkäse (0,2 % Fett)
1–2 gestr. TL	Wasabi-Pulver
2 EL	Schnittlauchröllchen (TK oder frisch)
2	Scheiben Vollkorn-Nussbrot

PRO PORTION:

E: 20 g, F: 9 g, Kh: 57 g, kcal: 394

1. Rote Bete in sehr feine Würfel schneiden. Frühlingszwiebeln putzen, abspülen, abtropfen lassen und schräg in feine Scheiben schneiden. Apfelessig mit Honig, Salz und Pfeffer in einer Schüssel verrühren. Das Olivenöl unterschlagen. Die Frühlingszwiebelscheiben und Rote-Bete-Würfel untermischen, kurz durchziehen lassen.

2. In der Zwischenzeit Frischkäse mit Wasabi-Pulver und Schnittlauchröllchen zu einer glatten Masse verrühren. Das Rote-Bete-Tatar auf einem Teller verteilen. Aus der Frischkäsemasse mit einem Esslöffel Nocken abstechen bzw. formen und auf oder neben dem Tatar anrichten. Dazu das Vollkorn-Nussbrot servieren.

TIPP:

T Garnieren Sie das Tatar mit einigen vorbereiteten Frühlingszwiebelscheiben und Schnittlauchhalmen. Das Wasabi-Pulver können Sie durch geriebenen Meerrettich ersetzen.

Feldsalat mit Chili-Corn-Hushpuppies

Zubereitungszeit: ⧗ 20 Minuten, ohne Quellzeit

ZUTATEN FÜR 2 PORTIONEN

1 ½ EL	Sonnenblumenöl
4	Scheiben Bacon (Frühstücksspeck in feinen Scheiben; aus dem Kühlregal)
50 g	Weizenmehl
1 gestr. TL	Backpulver
100 g	feines Maismehl
120 ml	Buttermilch
1	Ei (Größe M)
	Salz, gem. Pfeffer
etwas	Tabasco
80 g	abgetropfter Gemüsemais (aus der Dose)
4 EL	Orangensaft, z. B. Direktsaft aus dem Kühlregal
½ TL	milder Senf
2 EL	Olivenöl
2 EL	Röstzwiebeln (aus der Packung)
75 –100 g	Feldsalat (aus der Salattheke oder Frischepack/Beutel)

PRO PORTION:

E: 18 g, F: 36 g, Kh: 66 g, kcal: 678

1. Einen Teelöffel Sonnenblumenöl in einer beschichteten Pfanne erhitzen. Baconscheiben hineinlegen und von beiden Seiten knusprig braten.

2. Mehl, Backpulver und Maismehl mischen. Buttermilch und Ei in einem hohen Mixbecher verquirlen. Mehlmischung, ½ Teelöffel Salz, etwas Pfeffer und Tabasco zugeben. Maiskörner zugeben. Alles mit dem Pürierstab kurz durchmixen, bis alles gut gemischt ist. Kurz quellen lassen.

3. Baconscheiben auf Küchenpapier abtropfen lassen. Bratfett in der Pfanne mit Orangensaft ablöschen. Salz, Pfeffer, Senf und Öl unterschlagen. Dressing in eine Salatschüssel geben. Pfanne mit Küchenpapier auswischen.

4. Zwiebeln unter den Hushpuppie-Teig rühren. Restliches Sonnenblumenöl in der Pfanne erhitzen. Den Teig esslöffelweise ins heiße Fett geben, daraus goldbraune Puffer (Hushpuppies) backen.

5. Feldsalat verlesen. Wurzelansätze abschneiden. Feldsalat gründlich waschen und trocken schleudern. Salat und Dressing mischen. Bacon zerbröseln, darüberstreuen. Salat auf Tellern anrichten. Hushpuppies direkt aus der Pfanne dazu servieren.

DESSERT-TIPP: ZIMTJOGHURT MIT BANANENSALAT FÜR 4 PORTIONEN.

T **2 mittelgroße Bananen** schälen und in Scheiben schneiden. Bananenscheiben mit **2 Esslöffeln Limetten- oder Zitronensaft** (frisch gepresst oder Fläschchen) und **1 Teelöffel Honig** mischen. **600 g Naturjogurt, 2 Esslöffel Vanillin-Zucker** und **1–2 Teelöffel gemahlenen Zimt** glatt rühren. Joghurt und marinierte Bananenscheiben anrichten und nach Belieben mit 4 Teelöffeln gehackten Pistazienkernen oder Mandeln bestreuen.

PRO PORTION:

E: 7 g, F: 7 g, Kh: 23 g, kcal: 190
Zubereitungszeit: ⧗ 10 Minuten

Berglinsensalat mit Lachs und Dill-Dressing

Zubereitungszeit: ⧗ 20 Minuten

ZUTATEN FÜR 2 PORTIONEN

225 g	feine Berglinsen (ohne Einweichzeit, z. B. Beluga-Linsen; Garzeit 15–20 Minuten)
	Salz
1 TL	Instant-Gemüsebrühe
3	große Frühlingszwiebeln
1 Bund	Dill (ersatzweise 3 EL TK-Dill)
500 g	Tomaten
3–4 EL	milder Weißwein- oder Apfelessig
	gem. Pfeffer
1–2 TL	süßer Senf
3 EL	Olivenöl
250 g	heiß geräuchertes Lachsfilet (Stremellachs; alternativ z. B. geräucherte Meerforelle)

PRO PORTION:

E: 58 g, F: 33 g, Kh: 57 g, kcal: 797

1. Linsen in ein Sieb geben, mit kaltem Wasser abspülen und abtropfen lassen. Linsen gut mit Wasser bedeckt in einen Topf geben und aufkochen. Bei schwacher Hitze 15–20 Minuten bei leicht geöffnetem Topfdeckel köcheln lassen. In den letzten 5 Minuten der Garzeit je 1 Teelöffel Salz und Instant-Brühe einrühren.

2. In der Zwischenzeit Frühlingszwiebeln putzen, abspülen, abtropfen lassen und in feine Scheiben schneiden. Dill abspülen, trocken schütteln und grob hacken. Tomaten abspülen, abtrocknen und die Stängelansätze herausschneiden. Tomaten in Spalten schneiden.

3. Essig, Salz, Pfeffer und Senf in einer Schüssel verrühren, Öl unterschlagen. Dill und Frühlingszwiebeln untermischen. Linsen abgießen, abtropfen lassen und mit dem Dressing mischen. Mit Tomatenspalten und dem Lachs anrichten.

TIPP:

Dazu passt knuspriges Baguette oder herzhaftes Holzofenbrot.

SPEED-TIPP:

Die Garzeit der Linsen lässt sich noch verkürzen. Weichen Sie die angegebene Menge am Vorabend in reichlich kaltem Wasser ein. Dann abgießen und in 10–15 Minuten garen.

DESSERT-TIPP: ERDBEER-KOKOS-TRIFLE

500 g Erdbeeren abspülen, abtropfen lassen und entstielen. Erdbeeren halbieren. **3 Esslöffel Limettensaft** (Fläschchen oder frisch gepresst) und **1 Esslöffel Puderzucker** verrühren. Erdbeeren untermischen. **125 g Kokos-Zwieback** in einen Gefrierbeutel geben. Den Beutel fest verschließen. Zwieback mit einer Teigrolle grob zerbröseln. **500 g Vanilla-Quark-Zubereitung** und **1 Teelöffel Orangenschalen-Aroma** verrühren. Marinierte Erdbeeren, Zwiebackbrösel und Quark in Dessertgläser schichten und anrichten.

PRO PORTION:

E: 12 g, F: 7 g, Kh: 31 g, kcal: 242
Zubereitungszeit: ⧗ 15 Minuten
6 Portionen

SPEED-TIPP:

Gut schmecken statt der Erdbeeren auch 500 g gut abgetropfte Ananasstücke (aus der Dose).

Rosenkohl-Champignon-Salat mit Curry

Zubereitungszeit: ⧗ 30 Minuten
⊕ Vegan - laktosefrei

ZUTATEN FÜR 4 PORTIONEN

500 g	Rosenkohl
	Salzwasser
2 EL	Distelöl
2 TL	Currypulver
125 g	Rosinen
100 ml	vegane Gemüsebrühe
150 g	rosé Champignons
1	Fleischtomate
4 Stängel	Koriander

PRO PORTION:

E: 14 g, F: 12 g, Kh: 54 g, kcal: 388

1. Von dem Rosenkohl die äußeren Blätter entfernen und etwas vom Strunk abschneiden. Die Rosenkohlröschen halbieren, abspülen und abtropfen lassen.

2. Den Rosenkohl in kochendem Salzwasser bissfest garen. Anschließend mit kaltem Wasser abschrecken, abtropfen lassen und in eine Schüssel geben.

3. Distelöl in einem kleinen Topf erhitzen. Curry und Rosinen darin andünsten. Gemüsebrühe hinzugießen und aufkochen lassen.

4. Die Brühe auf dem Rosenkohl verteilen, gut vermischen und auf einer Platte anrichten.

5. Die Champignons putzen, evtl. kurz abspülen, gut trocken tupfen und in dünne Scheiben schneiden oder hobeln.

6. Die Tomate abspülen, vierteln, entkernen und den Stängelansatz herausschneiden. Tomate in kleine Würfel schneiden.

7. Die Champignonscheiben und Tomatenwürfel auf dem Rosenkohl verteilen. Koriander abspülen und trocken tupfen. Die Blättchen von den Stängeln zupfen.

8. Den Rosenkohl-Champignon-Salat mit Korianderblättchen garniert servieren.

TIPP:

Frischer Rosenkohl bleibt in einem Gefrierbeutel im Gemüsefach 3–4 Tage frisch. Er sollte jedoch nicht zusammen mit anderen Obst- und Gemüsesorten wie Äpfeln, Pflaumen oder Tomaten gelagert werden, da diese Ethylen absondern. Rosenkohl reagiert auf dieses Gas sehr empfindlich, seine Haltbarkeit wird wesentlich verkürzt.

Asiatischer Schichtsalat

Zubereitungszeit: ⧗ 30 Minuten, ohne Abkühl- und Durchziehzeit
⊕ Vegan - laktosefrei

ZUTATEN FÜR 4 PORTIONEN

50 g	Glasnudeln
½	kleiner Chinakohl (etwa 150 g)
½	Bio-Salatgurke
1	rote Pfefferschote

FÜR DIE MARINADE:

2 ½ EL	Reisweinessig
1 ½ EL	Limettensaft
3 EL	Sojasauce
1 TL	rote Currypaste (erhältlich im Asialaden)
3 EL	Sesamöl
	Salz
	gem. Pfeffer
1 EL	Zucker

75 g	geraspelte Möhren
90 g	abgetropfte Mungobohnensprossen (aus der Dose)
125 g	Bio-Tofu

PRO PORTION:

E: 7 g, F: 11 g, Kh: 19 g, kcal: 211

1. Die Glasnudeln nach Packungsanleitung garen. Anschließend in einem Sieb gut abtropfen und erkalten lassen.

2. Den Chinakohl putzen. Den Kohl vierteln, den Strunk herausschneiden. Kohl in schmale Streifen schneiden, abspülen und sehr gut abtropfen lassen. Salatgurke abspülen, abtrocknen und das Ende abschneiden. Gurke längs halbieren, entkernen und in dünne Scheiben schneiden. Pfefferschote abspülen, abtrocknen, halbieren und in kleine Würfel schneiden. Gurken und Pfefferschoten mischen.

3. Für die Marinade Essig mit Limettensaft, Sojasauce und Currypaste verrühren. Das Sesamöl unterschlagen, mit Salz, Pfeffer und Zucker würzen.

4. Zwei Drittel der Chinakohlstreifen in 4 hohen Gläsern verteilen. Möhrenraspel daraufgeben, mit gut 1 Esslöffel der Marinade beträufeln. Die Gurken-Pfefferschoten-Mischung daraufgeben. Wieder mit 1–2 Esslöffeln der Marinade beträufeln.

5. Zuerst die Mungobohnensprossen, dann die Glasnudeln daraufgeben. Die restlichen Chinakohlstreifen darauf verteilen und mit der Hälfte der restlichen Marinade beträufeln.

6. Tofu zerbröseln, mit der restlichen Marinade verrühren und als Abschluss auf die Chinakohlstreifen geben. Den Schichtsalat mit Frischhaltefolie zugedeckt in den Kühlschrank stellen und mindestens 5–6 Stunden durchziehen lassen.

FITMACHER-TIPP:

T Tofu ist „Quark" aus Sojamilch. Für Vegetarier und Veganer ist er eine hervorragende Eiweißquelle. Tofu enthält Eisen und Kalzium. Er ist laktose-, gluten- und cholesterinfrei.

Kreolischer Brathähnchen-Salat

Zubereitungszeit: ⧗ 15 Minuten

ZUTATEN FÜR 4 PORTIONEN

3 EL	geröstete, gesalzene Erdnusskerne
100 g	Ananas-Fruchtfleisch (frisch z. B. bereits geschält vom Gemüsehändler oder aus der Obstabteilung gut sortierter Supermärkte; alternativ Dose, Ananasstücke oder Scheiben in fruchteigenem Saft)
1	Fleischtomate

FÜR DAS DRESSING:

3 EL	Asia-Chili-Sauce (aus der Flasche)
2 EL	milder Essig
4 EL	Olivenöl
150 g	servierfertig vorbereiteter Eisbergsalat (z. B. aus der Salattheke oder Frischebeutel aus der Kühltheke)
250 g	Fladenbrot
1	fertig gekauftes Grillhähnchen

PRO PORTION:

E: 30 g, F: 25 g, Kh: 39 g, kcal: 510

1. Erdnusskerne grob hacken. Ananas in feine Stücke schneiden. Tomate abspülen, abtrocknen, halbieren und den Stängelansatz herausschneiden. Tomate in Stücke schneiden.

2. Für das Dressing Asiasauce und Essig in einer Salatschüssel verquirlen und 2 Esslöffel Öl unterschlagen. Erdnüsse, Ananas- und Tomatenstücke untermischen. Salatstreifen zugeben.

3. Restliches Öl in einer beschichteten Pfanne erhitzen. Brot in mundgerechte Würfel schneiden. Im heißen Öl unter Wenden knusprig rösten.

4. Inzwischen das Fleisch und die knusprige Haut vom Brathähnchen ablösen, evtl. in mundgerechte Stücke zupfen bzw. schneiden.

5. Salatzutaten mischen, mit dem Hähnchenfleisch auf 4 Teller verteilen, Brotwürfel darübergeben und servieren.

EXTRA-TIPP:

T Auch in Tortillafladen eingerollt schmeckt die Hähnchen-Salat-Mischung sehr gut.

Sommersalat mit Hähnchenbruststreifen

Zubereitungszeit: ⧗ 30 Minuten

ZUTATEN FÜR 4 PORTIONEN

1	kleiner Kopf Lollo Rosso
1	kleiner Kopf Lollo Bionda oder Friséesalat
1	Handvoll Rucola (Rauke)
1 Bund	Frühlingszwiebeln
je 1	kleine rote und gelbe Paprikaschote (je etwa 150 g)
4	Hähnchenbrustfilets (je etwa 150 g)
3 EL	Speiseöl, z. B. Olivenöl
	Salz
	gem. Pfeffer

FÜR DIE SALATSAUCE:

3 EL	Weißweinessig
3 EL	Wasser
2 EL	Speiseöl, z. B. Olivenöl

PRO PORTION:

E: 39 g, F: 14 g, Kh: 8 g, kcal: 322

1. Die Salatköpfe putzen und äußere schlechte Blätter entfernen. Die Salatblätter jeweils vom Strunk lösen. Rucola verlesen, dicke Stiele abschneiden.

2. Salatblätter und Rucola abspülen, gut abtropfen lassen oder trocken schleudern. Die Salatblätter etwas kleiner zupfen.

3. Frühlingszwiebeln putzen, abspülen, abtropfen lassen und schräg in Scheiben schneiden.

4. Die Paprikaschoten halbieren, entstielen, entkernen und die weißen Scheidewände entfernen. Schoten abspülen, trocken tupfen und in Streifen schneiden.

5. Die Hähnchenbrustfilets mit Küchenpapier abtupfen, die Sehnen entfernen. Die Filets quer zur Faser in dünne Scheiben schneiden.

6. Die Hälfte von dem Speiseöl in einer Pfanne erhitzen. Die Hälfte der Fleischscheiben darin unter gelegentlichem Rühren von beiden Seiten etwa 5 Minuten braten, mit Salz und Pfeffer würzen, aus der Pfanne nehmen. Das restliche Speiseöl in die Pfanne geben und die restlichen Fleischscheiben ebenfalls darin anbraten. Angebratene Fleischscheiben wieder in die Pfanne geben. Frühlingszwiebelscheiben und Paprikastreifen hinzufügen und etwa 3 Minuten mitbraten, mit den Fleischscheiben aus der Pfanne nehmen. Das Ganze mit Salz und Pfeffer würzen, warm stellen.

7. Für die Salatsauce den Bratensatz mit Essig und Wasser ablöschen, mit Salz und Pfeffer würzen. Das Speiseöl unterschlagen.

8. Vorbereitete Salatzutaten mit der Hähnchen-Gemüse-Mischung in einer Schüssel vermischen, auf einer großen Platte oder in Portionsschüsseln anrichten. Den Salat mit der lauwarmen Sauce beträufeln und sofort servieren.

TIPP:

T Hähnchenbrustfilet ist relativ eiweißreich und gleichzeitig fettarm (ohne Haut). Es sollte wie jedes andere Geflügelfleisch nur gut durchgegart verzehrt werden.

Salat-Mix mit Grilled-Cheese-Toasts

Zubereitungszeit: ⧗ 20 Minuten
⊕ Vegetarisch

ZUTATEN FÜR 2 PORTIONEN

125 g	Salatmix (aus dem Frischebeutel oder der Salatbar)
6	Scheiben Sandwichtoast
2 EL	Butter (zimmerwarm)
4–6 TL	fruchtiges Mango-Chutney (aus dem Glas)
6	Scheiben Cheddar (je 30–40 g)
4–6 EL	fertiges Salat-Dressing (z. B. Kräuter-Vinaigrette)

PRO PORTION:

E: 32 g, F: 51 g, Kh: 49 g, kcal: 784

1. Salatmix mit kaltem Wasser gründlich abspülen, abtropfen lassen oder trocken schleudern.

2. Toastscheiben auf beiden Seiten dünn mit Butter bestreichen. Eine große, beschichtete Pfanne erhitzen, je 2–3 Toastscheiben darin zunächst auf beiden Seiten kurz goldbraun anrösten. Temperatur reduzieren.

3. Die Toastscheiben in der Pfanne jeweils auf einer Seite mit etwas Mango-Chutney bestreichen. Je 1 Scheibe Käse auflegen. Die Toast-Käse-Scheiben dann unter mehrmaligem Wenden weiterbraten, bis der Käse zu schmelzen beginnt. Dabei die Scheiben beim Braten auf der Käseseite etwas in der Pfanne hin und her bewegen.

4. Toast aus der Pfanne nehmen, mit den Brotseiten nach unten auf ein Schneidbrett geben, diagonal halbieren und überklappen. Übrige Toast-Scheiben und Käse ebenso zubereiten.

5. Salat auf Teller verteilen, mit Dressing beträufeln. Mit den Grilled-Cheese-Toasts anrichten.

SPEED-TIPP:

Sie haben eine Mikrowelle oder einen Backofen mit schnell aufheizbarer Grillfunktion? Dann lassen sich die Toast-Ecken darin auch gleich auf einmal zubereiten. Dafür die Toasts auf einem mit Backpapier belegten Backblech verteilen. Mit Chutney bestreichen und den Käse auflegen. Unter dem heißen Grill erhitzen, bis der Käse zu schmelzen beginnt. Scheiben diagonal halbieren und überklappen und nochmals kurz von beiden Seiten rösten.

Spinatsalat mit Granatapfelkernen

Zubereitungszeit: ⧗ 20 Minuten, ohne Abkühlzeit
⊕ Vegan - laktosefrei

ZUTATEN FÜR 4 PORTIONEN

1 reifer, kleiner Granatapfel

30 g	Pinienkerne
2	Knoblauchzehen
60 g	Schalotten
3 Stängel	Thymian
100 g	frischer Blattspinat
5 EL	Balsamico-Essig
6 EL	Olivenöl
	Salz, gem. Pfeffer, Zucker

PRO PORTION:

E: 3 g, F: 19 g, Kh: 13 g, kcal: 240

1. Granatapfel halbieren und die Kerne vorsichtig herauslösen. Die weißen Trennwände entfernen. Die Pinienkerne in einer Pfanne ohne Fett unter Rühren goldgelb rösten, herausnehmen und auf einem Teller erkalten lassen.

2. Knoblauch und Schalotten abziehen, in kleine Würfel schneiden. Thymian abspülen, trocken tupfen und die Blättchen von den Stängeln zupfen. Blättchen grob zerschneiden.

3. Spinat verlesen und die dicken Stiele entfernen. Spinat gründlich waschen, gut abtropfen lassen und in breite Streifen schneiden.

4. Essig mit Knoblauch-, Schalottenwürfeln und Thymian in einer Schüssel verrühren, Olivenöl unterschlagen. Mit Salz, Pfeffer und Zucker würzen.

5. Spinat, Pinienkerne und Granatapfelkerne zur Marinade geben und unterheben.

6. Den Spinatsalat nochmals mit den Gewürzen abschmecken und auf Tellern anrichten.

VARIANTEN:

V Verwenden Sie statt des Balsamico-Essigs Apfelessig und statt der Pinienkerne gehackte Mandeln. Geben Sie zusätzlich 125 g abgespülte, trocken getupfte, halbierte Cocktailtomaten mit in den Salat. Servieren Sie frisches Fladenbrot, Toastbrot oder Ciabatta-Brötchen dazu.

Unschlagbar praktisch und schnell

FIXE PFANNEN- UND WOK-GERICHTE

Spätzlepfanne mit Salsicce-Klößchen und Pilzen

Zubereitungszeit: ⧗ 20 Minuten

ZUTATEN FÜR 4 PORTIONEN

300 g	Salsicce (rohe, grobe italienische Bratwurst)
	Salz
500 g	frische Spätzle (Frischepack aus dem Kühlregal)
1	große Zwiebel
225 g	gut abgetropfte Misch-Pilze, hell (aus der Dose)
150 g	Schlagsahne
150 ml	Milch (3,5 % Fett)
	gem. Pfeffer
125 g	Cocktailtomaten
2 EL	gehackte, glatte Petersilie oder 1 EL TK-Kräutermischung

PRO PORTION:

E: 22 g, F: 38 g, Kh: 40 g, kcal: 587

1. Wasser in einem großen Topf zugedeckt zum Kochen bringen. Brät aus den Hüllen drücken und mit leicht angefeuchteten Händen zu Klößchen formen. Eine große beschichtete Pfanne erhitzen. Die Brätklößchen darin unter Wenden rundherum braun braten. Auf einen Teller geben, kurz warm halten.

2. Salz und Spätzle ins kochende Wasser geben. Die Spätzle im geöffneten Topf bei mittlerer Hitze nach Packungsanleitung bissfest kochen, dabei gelegentlich umrühren. Inzwischen die Zwiebel abziehen, zuerst in Scheiben schneiden, dann in Ringe teilen. Zwiebelringe im verbliebenen Bratfett in der Pfanne unter Wenden braun braten. Pilze zugeben und mit anbraten.

3. Gegarte Spätzle in ein Sieb geben und abtropfen lassen. Pilz-Mischung in der Pfanne mit Sahne und Milch ablöschen. Mit Salz und Pfeffer würzen und kurz bei starker Hitze einkochen lassen. Tomaten abspülen, abtrocknen, halbieren und die Stängelansätze herauschneiden.

4. Spätzle, Klößchen und Tomaten in die Pfanne geben, alles gründlich durchmischen und bei starker Hitze noch kurz einkochen, bis die Sauce sämig wird.

5. Spätzlepfanne nach Belieben mit gehackter Petersilie oder TK-Kräutermischung anrichten.

SPEED-TIPP:

Kleine Fleischkößchen können Sie natürlich auch bereits fertig gebraten (Kühltheke) kaufen. Probieren Sie alternativ doch auch einmal bereits gegartes Pulled Pork (Kühltheke). Das Fleisch kurz in der Saucc erhitzen.

Reicht für 4 Personen zum Sattessen und für 6 Personen als After-Work-Snack.

DESSERT-TIPP: OBSTSALAT MIT LIKÖR-SCHMAND

600 g Obstsalat-Mix (z. B. aus der Salatbar, oder abgepackt aus der Kühltheke in der Obst- und Gemüseabteilung bzw. vom Obst-/Gemüsehändler) in 4 Gläser verteilen. **200 g Schmand, 2 Esslöffel Puderzucker** und **4 Esslöffel Orangenlikör (oder etwas Mandel-Aromasirup**) glatt verquirlen. Über die Früchte träufeln und anrichten.

PRO PORTION:

E: 2 g, F: 11 g, Kh: 27 g, kcal: 233
Zubereitungszeit: ⧗ 10 Minuten
4 Portionen

Pfannengemüse mit Orangen-Couscous

Zubereitungszeit: ⧗ 30 Minuten, ohne Quellzeit
✪ Vegetarisch

ZUTATEN FÜR 2 PORTIONEN

175 ml	Orangensaft
100 g	Couscous
1	gelbe Paprikaschote (etwa 150 g)
100 g	Staudensellerie
2	rote Zwiebeln (etwa 120 g)
2 EL	Olivenöl
1 Msp.	Chiliflocken
300 g	Zucchini
250 g	Cocktailtomaten
4 Stängel	Zitronenverbene oder 3 Stängel Zitronenthymian
	Salz
	gem. Pfeffer
80 g	griechischer Sahnejoghurt (10 % Fett)
evtl.	einige Stängel Zitronenverbene oder -thymian

PRO PORTION:

E: 13 g, F: 16 g, Kh: 56 g, kcal: 432

1. Den Orangensaft leicht erwärmen (nicht kochen) und in eine Schüssel geben. Den Couscous unter Rühren einstreuen und zugedeckt etwa 25 Minuten quellen lassen.

2. In der Zwischenzeit die Paprikaschote vierteln, entstielen, entkernen und die weißen Scheidewände entfernen. Schote abspülen, trocken tupfen und längs in schmale Streifen schneiden.

3. Staudensellerie putzen, abspülen, abtropfen lassen und in feine Scheiben schneiden. Zwiebeln abziehen, halbieren und in feine Spalten schneiden.

4. Das Olivenöl in einer großen Pfanne oder einem Wok erhitzen. Zwiebelspalten, Selleriescheiben und Paprikastreifen darin unter Rühren andünsten, mit Chiliflocken würzen. Das Gemüse etwa 10 Minuten bei mittlerer Hitze unter Rühren dünsten.

5. Zucchini abspülen, abtrocknen und die Enden abschneiden. Zucchini in dünne Scheiben schneiden. Tomaten abspülen, abtropfen lassen, halbieren und die Stängelansätze herausschneiden.

6. Zitronenverbene oder -thymian abspülen, trocken tupfen und die Blättchen von den Stängeln zupfen. Zitronenverbene-Blättchen evtl. etwas kleiner schneiden.

7. Die Tomatenhälften, Zucchinischeiben und Kräuter zum Gemüse in die Pfanne oder den Wok geben und etwa 3 Minuten mitdünsten lassen.

8. Orangen-Couscous mit Salz abschmecken. Das Gemüse mit Salz und Pfeffer abschmecken, anrichten und nach Belieben mit abgespülten und trocken getupften Verbene- oder Thymianstängeln garnieren. Orangen-Couscous und Joghurt zum Pfannengemüse servieren.

TIPP:

T Zucchini gehören zur Familie der Kürbisgewächse. Es gibt Sorten mit grüner, gelber oder weißlicher Schale, alle haben weißliches Fruchtfleisch, das viele Kerne enthält. Man erntet Zucchini bei einer Größe von 15–20 cm, weil sie dann besonders schmackhaft sind. Zucchini enthalten pro 100 g nur etwa 18 kcal. Sie punkten mit Kalium und Beta-Carotin. Im Gemüsefach des Kühlschranks bleiben sie 3–4 Tage frisch. Von Juni bis Oktober gibt es Zucchini aus deutschem Anbau.

Asiatische Möhren-Steak-Pfanne

Zubereitungszeit: ⧗ 20 Minuten
⊕ Laktosefrei

ZUTATEN FÜR 2 PORTIONEN

4	große Möhren (ca. 400 g; ersatzweise 300 g grobe Möhrenstifte aus der Salattheke)
4	große Frühlingszwiebeln
300 g	gut abgehangenes Rumpsteak
1 EL	Sojaöl
	Salz, gem. Pfeffer
1–2 EL	Sesamsamen
3–4 EL	Sojasauce
1 Prise	grob geschroteter Chili

NACH BELIEBEN:

250 g	Express-Reis (1 Beutel; z. B. Basmatireis) alternativ Asia-Instant-Nudeln (Mie)

PRO PORTION:

E: 42 g, F: 16 g, Kh: 47 g, kcal: 520

1. Möhren putzen, schälen, abspülen und abtropfen lassen. Möhren in feine Stifte schneiden. Frühlingszwiebeln putzen, abspülen, abtropfen lassen und schräg in Scheiben schneiden.

2. Fleisch trocken tupfen, evtl. vorhandenen Fettrand abschneiden. Das Fleisch quer zur Faser in feine Streifen schneiden. Fleischstreifen und Sojaöl mischen, mit etwas Salz und Pfeffer würzen.

3. Eine große Pfanne oder einen Wok stark erhitzen. Die Steakstreifen darin unter Wenden kurz kräftig anbraten. Sesam darüberstreuen, kurz mitbraten. Auf einen Teller geben und die Steakstreifen kurz warm halten.

4. Möhren im verbliebenen Bratfett unter Wenden etwa 2 Minuten anbraten, mit Sojasauce und 75 ml Wasser ablöschen. Mit Chili würzen, zugedeckt 1–2 Minuten bei starker Hitze dünsten.

5. Frühlingszwiebeln und Fleisch, inklusive ausgetretenem Fleischsaft, untermischen und alles bei starker Hitze unter Wenden offen nochmals etwa 30 Sekunden kräftig braten. Steakpfanne mit Sojasauce und Pfeffer abschmecken.

6. Nach Belieben mit in der Mikrowelle erhitztem Express-Reis oder z. B. Asia-Instantnudeln (Mie-Nudeln) anrichten.

VARIANTEN:

V Statt Rumpsteak einfach Rindergeschnetzeltes kaufen und die Frühlingszwiebeln durch eine mittelgroße Gemüsezwiebel oder 150 g Zwiebelringe (Salattheke oder TK) ersetzen.

DESSERT-TIPP: KARAMELLISIERTE FRÜCHTE MIT FRISCHKÄSE-KOKOS-TOPPING

T **2 Teelöffel geröstete Kokosraspel, 75 g Frischkäse** und **1 Esslöffel Joghurt** verrühren. Mit **Puderzucker** nach Geschmack süßen. **1 großen Pfirsich, Apfel** oder **4 Aprikosen oder Pflaumen** abspülen, trocken tupfen, halbieren, entsteinen und je nach Größe der Früchte in Spalten schneiden. **1 Teelöffel Butter** in einer beschichteten Pfanne zerlassen. Fruchtspalten darin kurz anbraten. **1–2 Teelöffel flüssigen Honig** darüberträufeln, kurz karamellisieren lassen. Früchte direkt aus der Pfanne auf Dessertteller verteilen, Frischkäse-Topping dazu servieren.

PRO PORTION:

E: 6 g, F: 17 g, Kh: 17 g, kcal: 252
Zubereitungszeit: ⧗ 10 Minuten
2 Portionen

Pfannengerührtes Gemüse

Zubereitungszeit: 30 Minuten
Vegan - laktosefrei

ZUTATEN FÜR 4 PORTIONEN

200 g	Hokkaido-Kürbis
225 g	Aubergine
175 g	Frühlingszwiebeln
175 g	Pak Choi (chinesischer Senfkohl)
4	Knoblauchzehen
5 EL	Sonnenblumenöl
40 g	Cashewkerne, geröstet und gesalzen
6 Stängel	Koriander
4	Minzeblätter
4	große Basilikumblätter
150 ml	Gemüsebrühe
5 EL	vegane Sojasauce

PRO PORTION:

E: 5 g, F: 18 g, Kh: 11 g, kcal: 223

1. Kürbis abspülen, abtrocknen und halbieren. Kerne und faserigen Innenteil entfernen. Kürbis evtl. schälen und in etwa 3 mm breite Scheiben schneiden. Die Aubergine abspülen, abtrocknen und den Stängelansatz entfernen. Aubergine längs halbieren und in etwa 2 cm breite Streifen schneiden.

2. Frühlingszwiebeln putzen, abspülen, abtropfen lassen, längs halbieren und in etwa 6 cm lange Stücke schneiden. Pak Choi putzen und in einzelne Blätter teilen. Die Blätter abspülen und abtropfen lassen.

3. Knoblauch abziehen und in sehr dünne Scheiben schneiden. 2 Esslöffel von dem Sonnenblumenöl in einer kleinen Pfanne erhitzen. Die Knoblauchscheiben darin goldgelb rösten und beiseitestellen. Die Cashewkerne grob hacken. Kräuter abspülen und trocken tupfen. Die Korianderblättchen von den Stängeln zupfen. Die Minze- und Basilikumblätter grob zerschneiden.

4. Restliches Sonnenblumenöl in einem Wok oder in einer großen Pfanne erhitzen. Die Kürbisscheiben, Auberginenstreifen und Frühlingszwiebelstücke darin evtl. in 2 Portionen bei starker Hitze unter Rühren kräftig anbraten.

5. Etwa ein Drittel der Brühe hinzugießen, zum Kochen bringen und ganz einkochen lassen. Diesen Vorgang noch 2-mal wiederholen, bis das Gemüse knackig-bissfest gegart ist. Dabei gelegentlich umrühren und die Sojasauce hinzugeben.

6. Zuletzt die Pak-Choi-Blätter unterheben und kurz zusammenfallen lassen. Beiseitegestelltes Knoblauchöl unterrühren. Das Gemüse mit Cashewkernen und Kräutern bestreut servieren.

TIPP:

T Servieren Sie dazu Reis.
Im Herbst hat der Kürbis Saison. Man unterscheidet Zier- und Speisekürbisse. Zu den Speisekürbissen zählen u. a. Hokkaido-, Spaghetti- und Moschuskürbis. Der Hokkaido-Kürbis ist breitrund, meist orangerot und wiegt 1–2 kg. Seine Schale wird beim Kochen weich und kann mitverzehrt werden. Das Fruchtfleisch hat ein nussiges Aroma. Alle Kürbissorten sind reich an Beta-Carotin, enthalten Folsäure sowie Kalium.

Makkaroni-Sardinen-Frittata

Zubereitungszeit: ⧗ 20 Minuten
(inklusive Garzeit für die Nudeln)
Garzeit für die Frittata: etwa ⧗ 15 Minuten

ZUTATEN FÜR 6 PORTIONEN

2 ½ l	Wasser
2 ½ gestr. TL	Salz
250 g	Makkaroni
1	mittelgroße Stange Lauch (350 g)
6	Eier (Größe M)
150 ml	Milch (3,5 % Fett)
	Salz
	gem. Pfeffer
1 EL	Tomatenmark
	Paprikapulver edelsüß oder rosenscharf
1 TL	Speiseöl
125 g	abgetropfte Ölsardinen (aus der Dose)
75 g	abgetropfte grüne Oliven mit Paprikafüllung

PRO PORTION:

E: 19 g, F: 12 g, Kh: 33 g, kcal: 324

1. Wasser in einem großen Topf zugedeckt zum Kochen bringen. Dann Salz und Nudeln zugeben. Die Nudeln im geöffneten Topf bei mittlerer Hitze nach Packungsanleitung bissfest kochen, dabei gelegentlich umrühren.

2. Lauch putzen, die Stange längs halbieren, gründlich waschen und abtropfen lassen. Lauch in Streifen schneiden.

3. Eier, Milch, Salz, Pfeffer, Tomatenmark und Paprika verquirlen.

4. Öl in einer hohen Pfanne (Ø 24 cm) erhitzen. Die Lauchstreifen darin unter Wenden kurz andünsten.

5. Nudeln abgießen, gut abtropfen lassen. Lauch aus der Pfanne nehmen. Nudeln, Lauch, Sardinenstücke und Oliven nach und nach in die Pfanne schichten.

6. Die Ei-Mischung angießen. Die Frittata bei schwacher Hitze zugedeckt etwa 15 Minuten stocken lassen.

7. Die Frittata kurz ruhen lassen. Nach Belieben auf einen Teller stürzen und in Portionen teilen.

TIPP:

T Dazu schmeckt z. B. ein rasch gemachter Tomatensalat (siehe Seite 46).

SPEED-TIPP:

▸▸ Verwenden Sie 400 g bereits vorgegarte, frische Pasta aus dem Kühlregal, z. B. Penne, Spaghetti, die nur noch kurz in kochendem Wasser erhitzt werden müssen.

DESSERT-TIPP: BIRNEN-CARPACCIO MIT SCHOKO-MOUSSE

T **2 reife Birnen** abspülen, abtrocknen und entkernen. Birnenhälften in sehr dünne Spalten schneiden, auf 4 Teller oder Schälchen verteilen und mit **je 1 Esslöffel Portwein (alternativ Cassis-Likör oder 1 Teelöffel schwarzen Johannisbeer-Sirup)** beträufeln. **400 g Mousse au Chocolat (Fertigprodukt aus der Kühltheke)** in kleinen Nocken darauf anrichten.

PRO PORTION:

E: 8 g, F: 25 g, Kh: 33 g, kcal: 406
Zubereitungszeit: ⧗ 10 Minuten
4 Portionen

Curry-Hähnchen-Pfanne

Zubereitungszeit: 20 Minuten

ZUTATEN FÜR 4 PORTIONEN

600 g	Hähnchenbrustfilet
	Salz
1 Prise	gem. Piment
1	mittelgroße Stange Lauch
3	mittelgroße Möhren
1	walnussgroßes Stück frischer Ingwer
2 EL	Butterschmalz
	gem. Pfeffer
1–2 TL	mildes Currypulver
150 ml	Gemüsebrühe
	Saft von ½ Limette
1 TL	flüssiger Honig
250 g	Joghurt (3,5 % Fett)

PRO PORTION:

E: 39 g, F: 14 g, Kh: 8 g, kcal: 317

1. Die Hähnchenbrustfilets mit Küchenpapier abtupfen und in Streifen schneiden. Mit etwas Salz und Piment würzen.

2. Lauch putzen, die Stange längs halbieren, gründlich waschen und abtropfen lassen.

3. Möhren putzen, schälen, abspülen und abtropfen lassen. Lauch in Streifen und Möhren in feine Scheiben schneiden. Ingwer schälen und in kleine Würfel schneiden.

4. Butterschmalz in einer Pfanne erhitzen. Die Fleischstreifen darin von allen Seiten knusprig braun braten. Lauchstreifen, Möhrenscheiben und Ingwerwürfel hinzufügen. Mit Salz, Pfeffer und Curry würzen, kurz mit anbraten. Gemüsebrühe hinzugießen. Limettensaft und Honig unterrühren.

5. Die Zutaten zum Kochen bringen und zugedeckt 5–7 Minuten bei schwacher Hitze kochen lassen. Die Pfanne von der Kochstelle nehmen. Joghurt unter die Hähnchenpfanne rühren (nicht mehr kochen lassen), mit Curry, Salz und Piment würzig abschmecken.

Beilage: Vollkorn-Reis.

EXTRA-TIPP:

T Dazu passt z. B. ein schnell gemachter Tomatensalat. Einfach **700 g Tomaten** abspülen, abtropfen lassen, die Stängelansätze herausschneiden. Die Tomaten in Scheiben schneiden. Mit **1 abgezogenen, fein gewürfelten Zwiebel, etwas Salz, Pfeffer und 1 Esslöffel Olivenöl** in einer Schüssel mischen.

VARIANTEN:

V Wenn in Ihrer Familie Milchprodukte nicht so gut vertragen werden, reichern Sie die Curry-Hähnchen-Pfanne einfach mit einem Sojaprodukt an.
Statt Lauch schmecken auch rote Paprikaschoten, TK-Erbsen oder Brokkoliröschen in dieser Curry-Hähnchen-Pfanne.

Puten-Gemüse-Fajitas

Zubereitungszeit: ⧗ 20 Minuten

ZUTATEN FÜR 2 PORTIONEN

2	große Zwiebeln
1	große rote Paprikaschote
500 g	Putenbrust oder Putengeschnetzeltes (nach Geschmack natur oder vorgewürzt)
2 EL	Olivenöl, Salz, gem. Pfeffer
evtl. 1 TL	Kräuter der Provence
240 g	gut abgetropfte Artischockenherzen (aus der Dose)
4–6	Tortilla-Weizen- oder Maisfladen (z. B. aus dem Brotregal)
4–6 EL	Crème fraîche oder Crème légére

PRO PORTION:

E: 39 g, F: 24 g, Kh: 47 g, kcal: 571

1. Zwiebeln abziehen, halbieren, zuerst in Scheiben schneiden, dann in Ringe teilen. Paprikaschote halbieren, entstielen, entkernen und die weißen Scheidewände entfernen. Paprikahälften abspülen, abtropfen lassen und in Stücke schneiden.

2. Putenbrust mit Küchenpapier trocken tupfen und in Streifen schneiden. 1 Esslöffel Öl in einer großen Pfanne erhitzen. Die Putenstreifen darin bei starker Hitze unter Wenden etwa 1 Minute anbraten. Zwiebelringe zugeben und alles unter Wenden weitere etwa 2 Minuten kräftig braun braten. Sofern ungewürztes Fleisch verwendet wird, mit Salz, Pfeffer und Kräutern würzen. Auf einen Teller geben und warm stellen.

3. Restliches Öl in der Pfanne erhitzen. Paprikastücke darin unter Wenden 1–2 Minuten anbraten. Die Artischocken vorsichtig gründlich ausdrücken, halbieren. Artischocken mit in die Pfanne geben und das Gemüse etwa 1 weitere Minute kräftig braten. Fleisch wieder zugeben, kurz schmoren lassen.

4. In der Zwischenzeit eine weitere Pfanne erhitzen. Die Tortillafladen darin nacheinander kurz auf beiden Seiten anrösten. Fladen mit je 1 Esslöffel Crème fraîche bestreichen. Puten-Gemüse-Mix portionsweise daraufgeben. Fladen aufrollen, halbieren und sofort anrichten.

SPEED-TIPP:

Noch schneller geht es, wenn Sie statt Zwiebeln und frischer Paprika einfach Letscho (würziger Paprika-Gemüse-Mix aus dem Glas) mit Artischocken und Fleisch kurz schmoren.

Wenn Sie abends Gäste zum After-Work-Drink erwarten, können Sie die Puten-Gemüse-Mischung auch bereits am Vorabend braten und zubereiten. Zugedeckt im Kühlschrank aufbewahren und dann kurz in der Pfanne erhitzen.

DESSERT-TIPP: FLORENTINER-TÜRMCHEN

200 g Himbeeren verlesen. **150 g Crème double** kurz aufschlagen. **2 Esslöffel Maracuja- oder Multivitaminnektar** und **1–2 Esslöffel Zucker** unterschlagen. Creme und jeweils 1–2 Himbeeren auf **12 Mini-Florentinern** verteilen, mit je einem weiteren **Mini-Florentiner** belegen, sodass Türmchen entstehen. Mit den restlichen Himbeeren anrichten.

PRO PORTION:

E: 4 g, F: 22 g, Kh: 26 g, kcal: 334
Zubereitungszeit: ⧗ 15 Minuten
4 Portionen

Großer Geschmack – Zeit und Nerven gespart

TURBO-EINTÖPFE

Blitz-Tomaten-Garnelen-Eintopf

Zubereitungszeit: ⧗ 20 Minuten

ZUTATEN FÜR 2 PORTIONEN

1	Knoblauchzehe
	Salz
2	Frühlingszwiebeln
2	mittelgroße Tomaten
2–4	Scheiben Roggenmischbrot mit Sauerteig (etwa 125 g, z. B. Bauernbrot/Holzofenbrot)
3 EL	Olivenöl
100 g	gekochte, geschälte Garnelen (z. B. nach Geschmack pur oder in Knoblauchöl eingelegt)
400–500 ml	Gemüsefond (aus dem Glas; oder aus Instant-Gemüsebrühe zubereitet)
	gem. Pfeffer
	Worcestersauce
evtl.	etwas Zitronensaft

PRO PORTION:

E: 17 g, F: 21 g, Kh: 34 g, kcal: 386

1. Knoblauch abziehen, würfeln und mit ½ Teelöffel Salz bestreuen. Kurz ziehen lassen.

2. Frühlingszwiebeln putzen, abspülen, abtropfen lassen und schräg in Scheiben schneiden. Tomaten abspülen, abtrocknen, halbieren und die Stängelansätze herausschneiden. Tomaten entkernen und in Spalten schneiden.

3. Knoblauch fein zerreiben, die Brotscheiben damit bestreichen. Öl in einer Pfanne bei mittlerer Hitze erhitzen. Knoblauchbrot darin unter Wenden knusprig rösten. Auf Küchenpapier das Fett abtropfen lassen.

4. Frühlingszwiebeln im verbliebenen Knoblauchöl kurz andünsten. Garnelen und Tomaten zugeben. Fond oder Brühe hinzugießen, einmal kurz aufkochen lassen und mit Pfeffer, Worcestersauce, Salz und nach Belieben etwas Zitronensaft pikant abschmecken.

5. Brotscheiben in tiefe Teller verteilen, mit dem Eintopf auffüllen und anrichten.

VARIANTE:

V Etwas gehaltvoller wird dieses Gericht, wenn Sie dazu einen cremigen Dip aus 4 Esslöffeln Crème fraîche und 2–3 Stielen frischem, gehacktem Basilikum (ersatzweise 1–2 Teelöffeln TK-Basilikum) servieren. Den Dip mit etwas Salz und Pfeffer abschmecken und auf den Brotscheiben zur Suppe reichen.

DESSERT-TIPP: FRUCHT-MIX MIT KOKOSGRIESS

T **250 g Obstsalat-Mix** (z. B. aus der Salatbar, oder abgepackt aus der Kühltheke in der Obst- und Gemüseabteilung oder vom Obst-/Gemüsehändler) auf 2 Teller verteilen. **1–2 Esslöffel Kokosraspel** in einer Pfanne ohne Fett goldbraun rösten. **1 Becher fertig gekauften Vanille-Grießbrei** (Kühlregal) mit den Kokosraspeln verrühren und auf den Früchten anrichten.

PRO PORTION:

E: 3 g, F: 9 g, Kh: 23 g, kcal: 193
Zubereitungszeit: ⧗ 10 Minuten
2 Portionen

Kalabrischer Chili-Nudel-Eintopf

Zubereitungszeit: ⧗ 30 Minuten
⊕ Vegan - laktosefrei

ZUTATEN FÜR 4 PORTIONEN

	Wasser
	Salz
300 g	TK-Dicke Bohnen

FÜR DIE NUDELN:

3 ½ l	Wasser
3 ½ gestr. TL	Salz
350 g	vegane Muschelnudeln
900 ml	Gemüsebrühe
2	Lorbeerblätter
2–3	kleine, getrocknete Chilischoten
500 g	Fenchelknollen
1 Bund	Frühlingszwiebeln
2	Fleischtomaten (etwa 300 g)

PRO PORTION:

E: 21 g, F: 2 g, Kh: 81 g, kcal: 462

1. Wasser in einem Topf zugedeckt zum Kochen bringen. Etwas Salz und die Bohnen hinzufügen. Die Bohnen in dem Salzwasser 4–5 Minuten ohne Deckel garen. Anschließend die Bohnen in einem Sieb kurz mit kaltem Wasser abspülen und abtropfen lassen.

2. Für die Nudeln Wasser in einem großen Topf zugedeckt zum Kochen bringen. Dann Salz und Nudeln hinzugeben. Die Nudeln im geöffneten Topf bei mittlerer Hitze nach Packungsanleitung bissfest kochen, dabei gelegentlich umrühren.

3. In der Zwischenzeit Brühe in einem weiteren großen Topf zum Kochen bringen. Lorbeerblätter und Chilischoten hinzugeben. Vom Fenchel das zarte Grün abschneiden und beiseitelegen. Fenchelknollen putzen, abspülen, abtropfen lassen, halbieren und jeweils den harten Stielansatz herausschneiden. Fenchel in feine Streifen schneiden und in der Brühe zunächst etwa 4 Minuten garen.

4. Frühlingszwiebeln putzen, abspülen, abtropfen lassen und in feine Scheiben schneiden. Frühlingszwiebelscheiben und die Bohnen in die Brühe geben, mit dem Fenchel darin etwa 5 Minuten garen. Anschließend die Brühe mit Salz nochmals kräftig abschmecken.

5. Die gegarten Nudeln in ein Sieb geben, mit heißem Wasser abspülen und abtropfen lassen.

6. Die Fleischtomaten abspülen, abtrocknen und vierteln. Stängelansätze und Kerne herausschneiden. Das Fruchtfleisch nach Belieben von den Schalen schneiden und anschließend klein schneiden.

7. Die Tomatenstücke und Nudeln in den Eintopf geben. Die Zutaten nochmals 2–3 Minuten erhitzen. Beiseitegelegtes Fenchelgrün abspülen, trocken tupfen und fein schneiden.

8. Den Chili-Nudel-Eintopf vor dem Servieren nochmals mit den Gewürzen abschmecken, mit Fenchelgrün bestreuen und servieren.

Hähnchen-Pasta-Eintopf

Zubereitungszeit: ⧗ 30 Minuten, ohne Abkühlzeit
Garzeit (Hähnchen): etwa ⧗ 40 Minuten

ZUTATEN FÜR 4 PORTIONEN

1	Hähnchen (etwa 1,2 kg)
1	junge Knoblauchzehe
1	Bio-Zitrone (unbehandelt, ungewachst)
2	Zwiebeln
2 EL	Butter
je ½ Bund	Estragon, Thymian und Rosmarin (ersatzweise je 1 TL getrocknete Kräuter)
1	Lorbeerblatt
1,4 l	Wasser
	Salz
1 ½ TL	Instant-Hühnerbrühe
1 TL	schwarze Pfefferkörner
2 ½ l	Wasser
275 g	Spiralnudeln, z. B. Fusilli
	gem. Pfeffer
350 g	grüner Spargel
2	Möhren (etwa 250 g)
2 Stangen	Staudensellerie (etwa 120 g)
175 g	TK-Erbsen

PRO PORTION:

E: 42 g, F: 14 g, Kh: 53 g, kcal: 527

1. Das Hähnchen in 4–6 Stücke zerteilen und mit Küchenpapier abtupfen. Knoblauch abziehen und längs halbieren. Zitrone heiß abwaschen, abtrocknen und halbieren. Eine Zitronenhälfte in Scheiben schneiden. Die Zwiebeln abziehen und vierteln.

2. Butter in einem großen Topf zerlassen. Die Hähnchenstücke darin auf den Hautseiten goldbraun anbraten. Knoblauchhälften, Zwiebelspalten und Zitronenscheiben hinzugeben und mit anbraten.

3. Kräuter abspülen, trocken tupfen und mit dem Lorbeerblatt zu den Hähnchenstücken geben. Wasser hinzugießen. 2 Teelöffel Salz, Instant-Hühnerbrühe-Pulver und Pfefferkörner hinzugeben. Die Zutaten zugedeckt wieder zum Kochen bringen, dabei entstehenden Schaum immer wieder abschöpfen. Die Zutaten bei schwacher Hitze etwa 35 Minuten kochen lassen.

4. In der Zwischenzeit Wasser in einem großen Topf zugedeckt zum Kochen bringen. Dann 2 ½ gestrichene Teelöffel Salz und Nudeln hinzugeben. Die Nudeln im geöffneten Topf bei mittlerer Hitze nach Packungsanleitung bissfest kochen, dabei gelegentlich umrühren.

5. Die gegarten Hähnchenstücke aus dem Fond nehmen, abtropfen und etwas abkühlen lassen. Den Fond durch ein feines Sieb in einen großen Topf gießen, mit Salz und Pfeffer würzig abschmecken.

6. Von dem Spargel das untere Drittel schälen und die unteren Enden abschneiden. Spargel abspülen, abtropfen lassen und in Stücke schneiden. Möhren und Selleriestangen putzen. Möhren schälen, mit den Selleriestangen abspülen, abtropfen lassen und in feine Scheiben schneiden.

7. Spargelstücke, Möhren- und Selleriescheiben in den Fond geben, wieder zum Kochen bringen und etwa 10 Minuten kochen lassen.

8. Die gegarten Nudeln in ein Sieb geben, mit heißem Wasser abspülen und abtropfen lassen. Das Hähnchenfleisch von Haut und Knochen lösen, in mundgerechte Stücke teilen. Restliche Zitronenhälfte in halbe Scheiben schneiden.

9. Nudeln, gefrorene Erbsen, Zitronenscheiben und Hähnchenfleisch in den Fond geben. Den Hähnchen-Pasta-Eintopf weitere 2–4 Minuten erhitzen. Vor dem Servieren nochmals mit den Gewürzen abschmecken.

China-Nudelsuppe mit marinierter Lende

Zubereitungszeit: ⧗ 25 Minuten

ZUTATEN FÜR 4 PORTIONEN

300 g	Schweinefilet (alternativ bereits fertig geschnetzeltes Schweinefilet)
3 EL	Sojasauce
2 EL	Speiseöl, z. B. Sesam- oder Sonnenblumenöl
	Instant-Gemüse- oder Hühnerbrühe (alternativ Miso-Suppenpaste aus dem Asialaden)
175 g	TK-Erbsen
140 g	abgetropfter Gemüsemais (aus der Dose)
250 g	Mie-Nudeln (Asianudeln aus Weizenmehl)
6	Frühlingszwiebeln
	gem. Pfeffer

PRO PORTION:

E: 31 g, F: 8 g, Kh: 58 g, kcal: 449

1. Fleisch mit Küchenpapier abtupfen und in etwa 1 cm feine Scheibchen schneiden. Mit Sojasauce und Öl mischen, kurz marinieren lassen.

2. Wasser in einem großen Topf zugedeckt zum Kochen bringen. In einem weiteren Topf knapp 1 l Wasser aufkochen. Instant-Brühe nach Packungsanleitung einrühren. Gefrorene Erbsen zugeben und etwa 3 Minuten köcheln lassen. In der letzten Minute den Mais zugeben und miterhitzen.

3. Nudeln in das kochende Wasser geben, Herdplatte ausschalten. Die Nudeln ohne Deckel im heißen Wasser etwa 4 Minuten quellen lassen.

4. Inzwischen Frühlingszwiebeln putzen, abspülen, abtropfen lassen und in feine Ringe schneiden. Eine beschichtete Pfanne erhitzen. Zwei Drittel der Frühlingszwiebeln unter das marinierte Fleisch mischen. In die Pfanne geben und alles bei starker Hitze etwa 1 Minute kräftig braten. Mit etwas Pfeffer würzen.

5. Nudeln gut abtropfen lassen, mit Fleisch und übrigen Frühlingszwiebeln in 4 tiefe Teller oder große Suppenschalen verteilen. Brühe mit Sojasauce abschmecken. Nudeln und Fleisch mit Brühe und Gemüse auffüllen.

VARIANTE:

V Statt marinierter Schweinelende die Suppe einfach mit gegarten Tiefseekrabben oder in Würfeln geschnittenem, mit Sojasauce mariniertem Tofu anrichten.

DESSERT-TIPP: GEGRILLTE BANANEN MIT CRÈME-FRAÎCHE-DIP

T **150 g Crème fraîche, 2 Teelöffel Zitronensaft** (aus Fläschchen oder frisch gepresst) und **2 Teelöffel Vanillin-Zucker** verrühren. Grillfunktion des Backofens vorheizen oder beschichtete Pfanne (z. B. Grillpfanne) erhitzen. **2 kleine Bananen** schälen und längs halbieren, mit **je 2 Teelöffeln zimmerwarmer Butter** bestreichen. In der Pfanne von beiden Seiten goldbraun braten oder auf ein Backblech (mit Backpapier belegt) legen. Unter dem vorgeheizten Grill von beiden Seiten 2–3 Minuten grillen. Bananenhälften mit **4 Teelöffeln Zitronensaft** beträufeln und mit dem Dip anrichten.

PRO PORTION:

E: 2 g, F: 18 g, Kh: 23 g, kcal: 267
Zubereitungszeit: ⧗ 10 Minuten
4 Portionen

Kürbis-Möhren-Eintopf

Zubereitungszeit: ⧗ 30 Minuten
Garzeit: etwa ⧗ 15 Minuten
⊕ Vegetarisch

ZUTATEN FÜR 4 PORTIONEN

600 g	Lauch
400 g	Möhren
600 g	festkochende Kartoffeln
150 g	Zwiebeln
4 TL	Sonnenblumenöl
	Salz
	gem. Pfeffer
etwas	mildes Currypulver
2	Lorbeerblätter
500 ml	Gemüsebrühe
200 g	Sahne zum Kochen (7 % Fett)
1,2 kg	Hokkaido-Kürbis (vorbereitet gewogen etwa 800 g)

PRO PORTION:

E: 9 g, F: 9 g, Kh: 41 g, kcal: 283

1. Lauch putzen, die Stangen längs halbieren, gründlich waschen und abtropfen lassen. Lauch schräg in Scheiben schneiden. Möhren putzen, schälen, abspülen, abtropfen lassen und in Scheiben schneiden. Kartoffeln schälen, abspülen, abtropfen lassen und in Würfel schneiden. Zwiebeln abziehen und ebenfalls klein würfeln.

2. Sonnenblumenöl in einem Topf erhitzen. Die Zwiebelwürfel darin andünsten. Möhrenscheiben und Kartoffelwürfel hinzugeben, kurz mitdünsten lassen, mit Salz, Pfeffer, Curry und Lorbeerblättern würzen. Brühe und Sahne hinzugießen, zum Kochen bringen und zugedeckt etwa 3 Minuten bei schwacher Hitze kochen lassen.

3. In der Zwischenzeit Kürbis abspülen, abtrocknen, halbieren, entkernen und mit der Schale in etwa 2 cm große Würfel schneiden. Lauchscheiben und Kürbiswürfel zu den Möhrenscheiben und Kartoffelwürfeln in den Topf geben, wieder zum Kochen bringen und zugedeckt weitere 6–8 Minuten bei schwacher Hitze unter gelegentlichem Rühren kochen lassen.

4. Dann den Deckel abnehmen. Den Eintopf noch 1 Minute sämig einkochen lassen. Den Eintopf vor dem Anrichten nochmals mit Salz, Pfeffer und evtl. etwas Curry abschmecken, Lorbeerblätter entfernen.

Beilage: Ofenfrisches Fladenbrot.

TIPPS:

T In der Herbst- und Wintersaison schmeckt dieser würzige, leichte und wärmende Eintopf auch mit Steckrübe zubereitet sehr lecker. Da Steckrübe, je nach Lagerzustand, eine etwas längere Garzeit als Kürbis hat, die Würfel nicht zu groß schneiden und zusammen mit den Kartoffelwürfeln und Möhrenscheiben garen.

Meerrettich-Pastinaken-Suppe

Zubereitungszeit: ⧗ 30 Minuten, ohne Abkühlzeit

ZUTATEN FÜR 2 PORTIONEN

2 TL	Sonnenblumenöl
4	Scheiben magerer, geräucherter Schinken (etwa 50 g), z. B. Schwarzwälder-Schinken
2	Zwiebeln
400 g	Pastinaken
200 g	mehligkochende Kartoffeln
3 Stängel	frischer Thymian
	Salz, gem. Pfeffer
600 ml	Gemüsebrühe
100 g	Sahne zum Kochen (7 % Fett)
1	kleines Stück frischer Meerrettich (ersatzweise etwa 3 EL Meerrettich aus dem Glas)

PRO PORTION:

E: 12 g, F: 11 g, Kh: 37 g, kcal: 302

1. Sonnenblumenöl in einem Topf erhitzen. Die Schinkenscheiben hineinlegen und bei mittlerer Hitze von beiden Seiten kross braten, herausnehmen, auf Küchenpapier abtropfen und erkalten lassen.

2. In der Zwischenzeit die Zwiebeln abziehen und in kleine Würfel schneiden. Pastinaken putzen, schälen, abspülen und abtropfen lassen. Kartoffeln schälen, abspülen, abtropfen lassen. Pastinaken und Kartoffeln in etwa gleich große Stücke (etwa 2 cm) schneiden. Thymian abspülen und trocken tupfen.

3. Die Zwiebelwürfel in dem Topf im verbliebenen Bratfett braun anbraten. Dann Pastinaken- und Kartoffelstücke hinzugeben. Die Zutaten mit etwas Salz, Pfeffer und 2 Stängeln Thymian würzen. Brühe hinzugießen und zugedeckt zum Kochen bringen. Die Suppe zugedeckt bei schwacher Hitze 10–12 Minuten kochen lassen.

4. Thymianstängel aus der Suppe entfernen. Die Zutaten in der Brühe vorsichtig mit einem Pürierstab fein pürieren. Sahne hinzugießen und nochmals kurz unter Rühren aufkochen lassen. Die Suppe mit Salz und Pfeffer abschmecken.

5. Von dem restlichen Thymian die Blättchen abzupfen. Meerrettich schälen und grob raspeln. Die gebratenen Schinkenscheiben grob zerbröseln. Die Suppe mit Thymianblättchen, Schinken und Meerrettich anrichten.

Maissuppe mit Brätklößchen

Zubereitungszeit: ⧗ 25 Minuten

ZUTATEN FÜR 4 PORTIONEN

400 g	frische, feine rohe Bratwurst
1 EL	Butter
2	große Frühlingszwiebeln
2	große Knoblauchzehen
570 g	abgetropfter Gemüsemais (aus der Dose)
	Salz, gem. Pfeffer
	nach Belieben Paprikapulver rosenscharf oder Cayennepfeffer
750 ml	Gemüsebrühe (Instant)
250 ml	Milch (3,5 % Fett)
1	große Fleischtomate
100 g	Schlagsahne

PRO PORTION:

E: 22 g, F: 44 g, Kh: 30 g, kcal: 609

1. Brät in kleinen Stückchen aus den Hüllen drücken und zu Klößchen formen. Butter in einem Suppentopf erhitzen. Brätklößchen darin unter Wenden rundum braun braten. Inzwischen Frühlingszwiebeln putzen, abspülen, abtropfen lassen und in feine Scheiben schneiden. Frühlingszwiebeln zu den Brätklößchen geben und ganz kurz mit anbraten. Alles auf einen Teller geben und warm halten.

2. In der Zwischenzeit Knoblauch abziehen und in Scheiben schneiden. Knoblauch im verbliebenen Bratfett andünsten. Mais zugeben. Mit Salz, Pfeffer, Paprika oder Cayennepfeffer würzen. Brühe und Milch angießen. Alles zugedeckt etwa 10 Minuten schwach köcheln lassen.

3. Inzwischen die Tomate abspülen, abtrocknen und den Stängelansatz herausschneiden. Tomate nach Belieben entkernen und fein würfeln.

4. Evtl. 4 Esslöffel Gemüsemais aus dem Fond nehmen. Übrige Zutaten im Gemüsefond fein pürieren, evtl. durch ein Sieb passieren. Die Suppe nochmals aufkochen und mit Sahne verfeinern und abschmecken. Suppe mit übrigem Mais, Brätklößchen und Tomatenwürfeln anrichten.

SPEED-TIPP:

▶▶ Die Suppe lässt sich perfekt 1–2 Tage im Voraus zubereiten. Portionsweise in der Mikrowelle oder bei schwacher Hitze unter Rühren dann nur noch kurz erhitzen.

VARIANTE:

V Auch vegetarisch ohne Bratwurstklößchen ist die Suppe sehr lecker, cremig und sättigend. Dazu evtl. Knoblauchbaguette (gibt es fertig zum Aufbacken im Kühlregal) servieren.

DESSERT-TIPP: APFEL-ZWIEBACK-TRAUM

T **250 g Mascarpone** mit **250 g Magerquark, 75 g Zucker** und **125 ml Milch** verrühren. **250 g Sahne** steif schlagen und unterheben. **6 Zwiebäcke mit Schokoladenüberzug** in kleine Stücke brechen. Einige Zwiebackstücke in eine hohe Glasschüssel geben und mit **2 Esslöffeln Calvados (oder Mandelaromasirup)** beträufeln. Creme, übrigen Zwieback und **1 Glas Apfelkompott (360 g)** nach und nach einschichten. Dabei die Zwiebackbrösel mit weiteren **2 Esslöffeln Calvados** beträufeln. Mit einer Cremeschicht abschließen und mit **1–2 Teelöffeln gesiebtem Kakao** bestäuben.

PRO PORTION:

E: 13 g, F: 45 g, Kh: 53 g, kcal: 717
Zubereitungszeit: ⧗ 15 Minuten
4–6 Portionen

Kichererbsen-Pasta-Topf

Zubereitungszeit: ⧗ 30 Minuten

ZUTATEN FÜR 4 PORTIONEN

2	Zwiebeln
2	Knoblauchzehen
3–4	eingelegte Sardellenfilets, in Salz
1	große rote Paprikaschote (etwa 250 g)
3	Möhren (etwa 250 g)
300 g	Staudensellerie
300 g	Lauch
3 EL	Olivenöl
1 Stängel	Rosmarin
2	kleine Stängel Salbei
1 TL	Fenchelsamen
	Salz, gem. Pfeffer
800 ml	Gemüsebrühe
425 g	stückige Tomaten (aus der Dose)
265 g	abgetropfte Kichererbsen (aus der Dose)
2 l	Wasser
2 gestr. TL	Salz
225 g	Ruote (Rädernudeln) oder kurze Röhrennudeln, z. B. Ditali

PRO PORTION:

E: 19 g, F: 12 g, Kh: 66 g, kcal: 476

1. Zwiebeln und Knoblauchzehen abziehen, fein würfeln. Sardellenfilets kurz mit kaltem Wasser abspülen, trocken tupfen und mit einer Gabel fein zerdrücken.

2. Paprikaschote halbieren, entstielen, entkernen und die weißen Scheidewände entfernen. Schote abspülen, abtropfen lassen und in Stücke schneiden. Möhren putzen, schälen, abspülen, abtropfen lassen und in Scheiben schneiden.

3. Staudensellerie putzen, abspülen, abtropfen lassen und in feine Scheiben schneiden. Lauch putzen, die Stangen längs halbieren, gründlich waschen, abtropfen lassen und ebenfalls in Scheiben schneiden.

4. Das Olivenöl in einem Topf erhitzen. Zwiebel- und Knoblauchwürfel darin goldbraun anbraten. Sardellen hinzugeben und kurz mit anbraten. Rosmarin und Salbei abspülen, trocken tupfen und die Nadeln bzw. Blättchen von den Stängeln zupfen. Nadeln bzw. Blättchen klein schneiden und mit dem Fenchelsamen in den Topf geben.

5. Möhren-, Sellerie- und Lauchscheiben untermischen, etwa 3 Minuten mit anbraten, mit Salz und Pfeffer würzen. Brühe und Tomatenstücke hinzugeben. Die Zutaten zum Kochen bringen und 10–15 Minuten kochen lassen.

6. Kichererbsen in einem Sieb mit kaltem Wasser abspülen und gut abtropfen lassen. Nach etwa 5 Minuten Garzeit Kichererbsen und Paprikastücke in den Eintopf geben.

7. In der Zwischenzeit Wasser in einem großen Topf zugedeckt zum Kochen bringen. Dann Salz und Nudeln hinzugeben. Die Nudeln im geöffneten Topf bei mittlerer Hitze nach Packungsanleitung bissfest kochen, dabei gelegentlich umrühren. Anschließend die Nudeln in ein Sieb geben, mit heißem Wasser abspülen und abtropfen lassen. Den Eintopf nochmals mit Salz und Pfeffer abschmecken, die Nudeln hinzugeben und kurz darin erhitzen.

Ratatouille (Titelrezept)

Zubereitungszeit: ⧗ 30 Minuten
Garzeit: ⧗ 10–15 Minuten
⊕ Vegan – laktosefrei

ZUTATEN FÜR 4 PORTIONEN

1	Gemüsezwiebel
2	Knoblauchzehen
je 1	rote und gelbe Paprikaschote (je 200 g)
2	Zucchini (je 200 g)
1	Aubergine (250 g)
1	kleiner Stängel Rosmarin
1	kleines Bund Thymian
2 EL	Olivenöl
1	Lorbeerblatt
1	große Dose geschälte Tomaten (800 g; alternativ 2 kleine Dosen Pizza-Tomaten)
	Salz, gem. Pfeffer

PRO PORTION:

E: 6 g, F: 5 g, Kh: 15 g, kcal: 156

1. Zwiebel und Knoblauch abziehen. Die Zwiebel zuerst halbieren, dann in grobe Würfel schneiden. Knoblauch in kleine Würfel schneiden. Paprika halbieren, entstielen, entkernen und die weißen Scheidewände entfernen. Schoten abspülen, abtropfen lassen und in Stücke schneiden.

2. Von den Zucchini die Enden und von der Aubergine den Stängelansatz abschneiden. Zucchini und Aubergine abspülen und abtropfen lassen. Zucchini und Aubergine erst längs in Scheiben, dann längs in Streifen und dann in Würfel schneiden.

3. Die Kräuter abspülen und trocken tupfen. Rosmarinnadeln von den Stängeln streifen. Einige Nadeln zum Garnieren beiseitelegen. Restliche Nadeln grob schneiden.

4. Olivenöl in einem großen Topf erhitzen. Zunächst Zwiebel- und Knoblauchwürfel im Öl anbraten. Dann Auberginenwürfel und Zucchini zugeben und unter Wenden 3–4 Minuten anbraten. Paprika, Lorbeerblatt, Thymianstängel und gehackten Rosmarin zugeben und 1–2 Minuten mitbraten.

5. Die Flüssigkeit aus der Tomatendose zum Gemüse geben. Die Tomaten etwas kleiner schneiden und unter das Gemüse rühren. Ratatouille kurz aufkochen und bei schwacher Hitze zugedeckt 10–15 Minuten weiter köcheln lassen, hin und wieder umrühren.

6. Das Lorbeerblatt und evtl. auch die Thymianstängel herausnehmen. Ratatouille mit Salz und Pfeffer würzen und mit den beiseitegelegten Rosmarinnadeln garniert servieren.

Beilage: Dazu gegrillte oder geröstete Weißbrotscheiben reichen.

TIPP:

T Ratatouille eignet sich als Beilage zu Lammgerichten oder als eigenständiges Gericht, das warm oder kalt mit Baguette serviert wird.
Ratatouille grob gehackt auf gerösteten Baguettescheiben servieren. Oder in flachen Portionsförmchen mit Schafs- oder Ziegenkäse überbacken.

Curry-Kraut-Eintopf

Zubereitungszeit: ⧗ 20 Minuten

ZUTATEN FÜR 4 PORTIONEN

1	große Zwiebel
3	große, mehligkochende Kartoffeln (etwa 450 g)
2 EL	Butter
1–2 TL	mildes Currypulver (nach Geschmack)
400 ml	Instant-Gemüsebrühe
125 g	Schlagsahne
1	rote Paprikaschote
350 g	abgetropftes Sauerkraut, z. B. frisch, aus Standbeutel oder Dose
125 ml	Apfelsaft
	gem. Pfeffer

NACH GESCHMACK:

250 g	heiß geräucherter Lachs oder geräucherte Meerforelle, Kasseler-Aufschnitt in Streifen oder Cabanossi in Scheiben

PRO PORTION:

E: 6 g, F: 18 g, Kh: 22 g, kcal: 286

1. Zwiebel abziehen, halbieren und würfeln. Kartoffeln schälen, abspülen, abtropfen lassen und in etwa 1 cm große Würfel schneiden. Butter in einem Topf zerlassen. Zwiebel- und Kartoffelwürfel in den Topf geben und etwa 2 Minuten unter Rühren andünsten. Curry darüberstäuben. Mit Brühe und Sahne ablöschen, aufkochen und etwa 5 Minuten köcheln lassen.

2. Inzwischen Paprikaschote halbieren, entstielen, entkernen und die weißen Scheidewände entfernen. Schote abspülen, abtropfen lassen. Paprika in feine Würfel schneiden.

3. Dann das Sauerkraut in den Topf geben. Mit Apfelsaft auffüllen. Etwas Pfeffer zugeben und nach Geschmack leicht salzen. Alles etwa 10 Minuten mit leicht geöffnetem Deckel sanft köcheln lassen.

4. Paprikawürfel hinzugeben und etwa 5 Minuten mitgaren.

5. Den Kraut-Eintopf nochmals abschmecken und nach Belieben mit in Streifen geschnittenem Kasseler-Aufschnitt, Cabanossi in Scheiben, Stückchen von heißgeräuchertem Lachs (Stremellachs) oder geräucherter Meerforelle anrichten.

TIPP:

T Auch lecker: den Kraut-Eintopf ohne Kartoffeln zubereiten und dazu kräftiges Kümmelbrot servieren.

SPEED-TIPP:

Sie haben keine Kartoffeln im Vorrat, dafür aber noch Kartoffelpüree-Pulver… genial! Dann sparen sie sich hier einfach mal das Kartoffelschälen und Kochen. Rühren Sie etwas Püreepulver unter den fertigen Kraut-Topf, sodass dieser leicht cremig abbindet.

DESSERT-TIPP: KIBA-BLITZQUARK

T **2 kleine Bananen** und **2 Esslöffeln Zitronensaft** pürieren. Mit **250 g Speisequark** (20 % Fett) und **1 Päckchen Vanillin-Zucker** verrühren. **100 g Schlagsahne** steif schlagen und unterziehen. Quarkcreme, **4 Esslöffel Zartbitter-Schokostreusel** und **500 g fertig gekaufte Kirschgrütze** (aus Glas oder Beutel) in Gläser schichten und anrichten.

PRO PORTION:

E: 11 g, F: 14 g, Kh: 28 g, kcal: 299
Zubereitungszeit: ⧗ 10 Minuten
4–6 Portionen

Neue Energie für oder nach einem langen Arbeitstag

EASY FITNESS-KÜCHE

Graupen-Salat in Paprikahälften

Zubereitungszeit: ⧗ 30 Minuten,
ohne Durchzieh- und Abkühlzeit

ZUTATEN FÜR 4 PORTIONEN

1 Stück	Weißkohl (150 g)
	Salz
½ TL	Kümmelsamen
40 g	Graupen
	Salzwasser
2	große rote Paprikaschoten
50 g	magerer Kochschinken oder Kasseler-Aufschnitt
4 Stängel	Dill
½ TL	Paprikapulver edelsüß
	gem. Pfeffer
2 EL	Apfelessig
2 EL	Rapsöl
40 g	Fetakäse

PRO PORTION:

E: 14 g, F: 17 g, Kh: 27 g, kcal: 323

1. Von dem Kohlstück evtl. äußere Blätter entfernen und den Strunk herausschneiden. Den Kohl in sehr feine Streifen schneiden oder hobeln. Die Kohlstreifen abspülen und sehr gut abtropfen lassen. Die Kohlstreifen mit etwas Salz und dem Kümmel in eine Schüssel geben. Die Zutaten mit den Händen kräftig durchkneten und anschließend etwa 30 Minuten durchziehen lassen.

2. In der Zwischenzeit die Graupen in ein Sieb geben und gründlich mit kaltem Wasser abspülen. Anschließend die Graupen in kochendem Salzwasser nach Packungsanleitung garen. Dann die Graupen in ein Sieb geben, abtropfen und erkalten lassen.

3. Die Paprikaschoten halbieren, dabei jeweils den Stielansatz nicht entfernen. Paprikaschotenhälften entkernen und die weißen Scheidewände entfernen. Die Schotenhälften abspülen und gut abtropfen lassen.

4. Kochschinken oder Kasseler in feine Streifen schneiden. Dill abspülen, trocken tupfen und die Spitzen von den Stängeln zupfen. Dillspitzen fein schneiden.

5. Graupen, Kohl- und Schinken- oder Kasseler-Streifen und etwa zwei Drittel von dem Dill in einer Schüssel mischen. Paprika, etwas Salz, Pfeffer, Essig und das Rapsöl hinzugeben und gut untermischen. Den Salat in den vorbereiteten Paprikahälften verteilen. Den Fetakäse darüberbröseln und mit dem restlichen Dill bestreuen. Den Salat sofort servieren.

TIPP:

T Die Kümmelsamen machen den Weißkohl bekömmlicher. Durch das Kneten wird der Kohl weicher und zieht besser durch.

Tandoori-Chicken-Salat

Zubereitungszeit: ⧗ 30 Minuten, ohne Marinierzeit
⊕ Vegetarisch

ZUTATEN FÜR 2 PORTIONEN

2 EL	Tandoori-Paste (aus dem Glas)
250 g	Joghurt (3,5 % Fett)
2	Hähnchenbrustfilets (je etwa 175 g)
125 g	rote Linsen
	Salzwasser
400 g	Babyspinat
	Salz
5	grüne Kardamomkapseln
50 g	getrocknete Aprikosen
3 EL	Zitronensaft
etwas	Cayennepfeffer
2 EL	Speiseöl zum Braten
12	Minzeblättchen

PRO PORTION:

E: 68 g, F: 9 g, Kh: 50 g, kcal: 573

1. Für die Tandoori-Hähnchen die Tandoori-Paste mit 2 Esslöffeln von dem Joghurt gut verrühren. Hähnchenbrustfilets mit Küchenpapier abtupfen und in dem Tandoori-Joghurt wenden. Anschließend zugedeckt im Kühlschrank mindestens 4 Stunden marinieren.

2. Die Linsen in kochendem Salzwasser nach Packungsanleitung garen. Anschließend in ein Sieb geben und abtropfen lassen. Spinat verlesen, kurz abspülen und etwa 2 Sekunden in kochendem Salzwasser blanchieren. Spinat sofort mit kaltem Wasser abschrecken und mit den Händen gut ausdrücken.

3. Die Kardamomsamen aus den Kapseln lösen und im Mörser fein zerdrücken. Aprikosen fein würfeln. Kardamom und Aprikosen mit Zitronensaft, dem restlichen Joghurt, etwas Salz und Cayennepfeffer verrühren. Die Linsen und den Spinat untermischen, evtl. nachwürzen.

4. Die Hähnchenbrustfilets aus der Marinade nehmen. Das Speiseöl in einer beschichteten Pfanne erhitzen. Die Hähnchenbrustfilets darin bei schwacher Hitze von jeder Seite 4–5 Minuten braten. Hähnchenbrustfilets aus der Pfanne nehmen.

5. Die Minzeblättchen abspülen, trocken tupfen und nach Belieben klein schneiden. Die Hähnchenbrustfilets in dünne Scheiben schneiden, mit dem Salat anrichten und mit Minze bestreuen.

SPEED-TIPP:

Marinieren Sie die Hähnchen bereits am Morgen und stellen Sie sie zugedeckt in den Kühlschrank.

Wasabi-Kartoffel-Salat zu Sesam-Mettbällchen

Zubereitungszeit: ⧗ 25 Minuten
(inkl. Kochzeit für die Kartoffeln)
Abkühl- und Marinierzeit: ⧗ 10 Minuten

ZUTATEN FÜR 2 PORTIONEN

400 g	möglichst kleine neue Kartoffeln (Drillinge)
	Salz
2–3 EL	Sesamsamen
150 g	gewürztes Mett
1 ½ EL	Soja- oder Sonnenblumenöl
½	rote Paprikaschote
2	Frühlingszwiebeln
2 EL	frische Sprossen oder Keime (z. B. Kresse)
75 ml	Instant-Gemüsebrühe
1–2 TL	Wasabipaste (japanischer Meerrettich)
2 EL	Joghurt (10 % Fett)

PRO PORTION:

E: 21 g, F: 33 g, Kh: 28 g, kcal: 510

1. Kartoffeln gründlich waschen und abbürsten, knapp mit Wasser bedeckt zugedeckt zum Kochen bringen und 12–15 Minuten garen.

2. In der Zwischenzeit Sesam auf einem Teller verteilen. Aus dem Mett mit leicht angefeuchteten Händen kleine Bällchen formen. Fleischbällchen im Sesam wenden.

3. Einen Teelöffel Öl in einer beschichteten Pfanne erhitzen. Die Fleischbällchen darin bei mittlerer Hitze rundherum goldbraun und gar braten. Auf Küchenpapier abtropfen lassen.

4. Paprikaschote entstielen, entkernen und die weißen Scheidewände entfernen. Schotenhälfte abspülen, abtropfen lassen und in feine Würfel schneiden. Frühlingszwiebeln putzen, abspülen, abtropfen lassen und fein schneiden. Sprossen abspülen, abtropfen lassen.

5. Gegarte Kartoffeln abgießen, kurz abdämpfen, halbieren oder vierteln und in eine Salatschüssel geben. Brühe, Wasabi, restliches Öl, je ½ Teelöffel Salz und Pfeffer verquirlen. Über die Kartoffeln gießen und gründlich untermischen. Etwa 10 Minuten ziehen lassen, dabei öfter durchrühren.

6. Paprika, Frühlingszwiebeln und Jogurt unter die Kartoffeln mischen, nochmals abschmecken. Wasabi-Kartoffel-Salat mit Kresse und Mettbällchen anrichten.

EXTRA-TIPP:

T Der Kartoffelsalat lässt sich gut bereits 1–2 Tag vor dem Servieren fix und fertig zubereiten. Nur die Sprossen/Keime sollten erst kurz vor dem Servieren, knackfrisch, dazugegeben werden.

Gefülltes Fladenbrot

Zubereitungszeit: ⧗ 25 Minuten

ZUTATEN FÜR 4 PORTIONEN

240 g	abgetropfte Artischockenherzen (aus der Dose)
2 EL	Olivenöl
400 g	stückige Tomaten (aus der Dose)
	Salz
	gem. Pfeffer
1	Fladenbrot (400–500 g)
100 g	Rucola (Rauke)
125 g	Kochschinken
150 g	abgetropfte schwarze Oliven mit Stein
3 EL	Röstzwiebeln

PRO PORTION:

E: 18 g, F: 11 g, Kh: 56 g, kcal: 435

1. Artischockenherzen vorsichtig ausdrücken, halbieren. Öl in einer beschichteten Pfanne erhitzen. Die Artischockenhälften darin kurz braun anbraten. Tomaten zugeben und mit Salz und Pfeffer würzen. Etwa 4 Minuten köcheln lassen.

2. Inzwischen Fladenbrot in Portionsstücke schneiden, waagerecht auf-, aber nicht durchschneiden. Rucola verlesen und dicke Stängel abschneiden. Rucola abspülen, gut abtropfen lassen oder trocken schleudern und evtl. etwas kleiner zupfen. Schinken in Streifen schneiden.

3. Schinken, Oliven und Röstzwiebeln unter die Tomaten-Artischocken-Pfanne rühren, nochmals abschmecken.

4. Fladenbrote mit Rucola belegen, die Gemüse-Schinken-Mischung einfüllen. Die Fladenbrote sofort servieren.

EXTRA-TIPP:

T Die Gemüse-Schinken-Mischung schmeckt sowohl warm aus der Pfanne, als auch abgekühlt in den Fladenbrotstücken serviert. Deshalb lässt sie sich auch ganz praktisch bereits am Vorabend zubereiten.

Diese Fladenbrotstücke sind auch eine tolle Picknick-Idee. Dazu die Gemüse-Schinken-Mischung fertig zubereiten und getrennt vom Rucola und den Brotstücken in Frischeboxen transportieren. Zum Picknick füllt sich jeder sein Stück Fladenbrot mit den vorbereiteten Zutaten auf der Hand.

Pikante Tex-Mex-Creme

Zubereitungszeit: ⧗ 10 Minuten
Haltbarkeit: gut verschlossen im Kühlschrank 4–5 Tage

ZUTATEN FÜR 12 PORTIONEN, ETWA 575 G

140 g	abgetropfter Gemüsemais (aus der Dose)
200 g	Doppelrahm-Frischkäse
¼ TL	Mexiko-Gewürzmischung
¼ TL	getrocknete Chiliflocken
140 g	abgetropfte Ananasstücke (aus der Dose)
125 g	Kochschinken
	Salz

PRO PORTION:

E: 5 g, F: 6 g, Kh: 4 g, kcal: 88

1. Etwa die Hälfte von dem Mais in einen hohen Rührbecher geben und mit einem Pürierstab fein pürieren. Frischkäse hinzugeben und unterrühren. Die Maiscreme mit der Gewürzmischung und den Chiliflocken würzen.

2. Ananasstücke mit Küchenpapier trocken tupfen. Schinken in sehr feine Würfel schneiden. Ananasstücke fein hacken.

3. Schinkenwürfel, Ananas und restlichen Mais mit der Maiscreme verrühren, mit Salz und evtl. nochmals mit Chiliflocken abschmecken.

4. Die pikante Tex-Mex-Creme in vorbereitete, verschließbare Gläser füllen, mit Deckeln verschließen und in den Kühlschrank stellen.

VARIANTE:

V Eine fein gewürfelte, rote Paprikaschote macht die Creme noch bunter und gibt Biss.

TIPP:

T Mit Baguette, Fladenbrot oder Tortilla-Chips ein leckerer Abendsnack.

Bohnen-Hack-Aufstrich

Zubereitungszeit: ⧗ 30 Minuten, ohne Abkühlzeit
Haltbarkeit: gut verschlossen im Kühlschrank 4–5 Tage

ZUTATEN FÜR 12 PORTIONEN, ETWA 500 G

250 g	abgetropfte Kidneybohnen (aus der Dose)
2	Knoblauchzehen
1	kleine Zwiebel
1 EL	Sonnenblumenöl
250 g	Rindergehacktes
½ TL	getrocknete Chiliflocken
½ TL	Mexiko-Gewürzmischung
	Salz
	gem. Pfeffer
2 EL	Tomatenmark
	Saft von ½ Zitrone
3 EL	Wasser
100 g	Schmand (Sauerrahm)

PRO PORTION:

E: 7 g, F: 6 g, Kh: 5 g, kcal: 98

1. Bohnen in ein Sieb geben, mit kaltem Wasser abspülen und gut abtropfen lassen. Knoblauch und Zwiebel abziehen, in kleine Würfel schneiden.

2. Sonnenblumenöl in einer Pfanne erhitzen. Zwiebel- und Knoblauchwürfel darin goldgelb andünsten. Gehacktes hinzufügen, unter Rühren darin anbraten, dabei die Fleischklümpchen mit einer Gabel zerdrücken. Mit Chili, Würzmischung, Salz und Pfeffer würzen.

3. Etwa ein Viertel der Bohnen und das Tomatenmark unterrühren, die Hackfleischmasse bei mittlerer Hitze etwa 10 Minuten unter gelegentlichem Rühren schmoren. Anschließend die Hackfleischmasse erkalten lassen.

4. Restliche Bohnen, Zitronensaft und 3 Esslöffel Wasser in einen Rührbecher geben und mit einem Pürierstab fein pürieren.

5. Bohnenpüree und Schmand unter die erkaltete Hackfleischmasse rühren, mit Salz und Pfeffer abschmecken.

6. Bohnen-Hack-Aufstrich in verschließbare, vorbereitete Gläser füllen, mit Deckeln verschließen und in den Kühlschrank stellen.

TIPP:

Dieser Aufstrich schmeckt besonders gut zu Weizen- oder Maisfladen oder Tacos. Statt mit fertiger Würzmischung kann er auch mit gerebeltem Majoran, Thymian oder Oregano zubereitet werden.

Weißer Bohnensalat mit Paprika und Tomate

Zubereitungszeit: 20 Minuten, ohne Durchziehzeit
Laktosefrei

ZUTATEN FÜR 4 PORTIONEN

500 g	abgetropfte Cannellinibohnen (aus der Dose)
2	Fleischtomaten
je 1	rote und grüne Paprikaschote
1	Schalotte

FÜR DIE SALATSAUCE:

1	Knoblauchzehe
2 EL	Zitronensaft
1 EL	Apfelessig
1 TL	mittelscharfer Senf
1 TL	flüssiger Honig
	Salz, gem. schwarzer Pfeffer
2 EL	Olivenöl
5 Stängel	Petersilie

PRO PORTION:

E: 14 g, F: 7 g, Kh: 30 g, kcal: 237

1. Die Bohnen in einem Sieb mit kaltem Wasser abspülen, gut abtropfen lassen, beiseitestellen.

2. Die Tomaten kreuzweise einschneiden und mit kochendem Wasser übergießen. Nach 1–2 Minuten herausnehmen und mit kaltem Wasser abschrecken. Die Tomaten häuten, halbieren und die Stängelansätze herausschneiden. Tomaten entkernen und das Fruchtfleisch in kleine Würfel schneiden.

3. Paprikaschoten halbieren, entstielen, entkernen und die weißen Scheidewände entfernen. Schoten abspülen, abtropfen lassen und in kleine Würfel schneiden. Schalotte abziehen und klein würfeln.

4. Die beiseitegestellten Bohnen mit den Tomaten-, Paprika- und Schalottenwürfeln in einer großen Salatschüssel vermischen.

5. Für die Sauce Knoblauch abziehen und durch eine Knoblauchpresse drücken oder sehr fein hacken. Zitronensaft mit Essig, Senf, Honig, Salz, Pfeffer und Knoblauch verrühren. Das Olivenöl unterschlagen. Die Salatsauce mit der Bohnen-Paprika-Mischung vermengen. Den Salat etwa 30 Minuten durchziehen lassen.

6. Petersilie abspülen, trocken tupfen und die Blättchen von den Stängeln zupfen. Die Blättchen grob hacken. Den Salat mit Petersilie bestreut servieren.

TIPP:

T Sie können den Salat einige Stunden vor dem Verzehr zubereiten. Gut durchgezogen schmeckt er noch besser.

VARIANTE:

V Wenn Sie keine Cannellinibohnen bekommen können, nehmen Sie stattdessen 500 g weiße Bohnen (aus der Dose). Geben Sie zusätzlich 2–3 Stangen Staudensellerie (etwa 150 g) mit unter den Salat. Dafür den Staudensellerie putzen, abspülen und abtropfen lassen. Sellerie in Streifen schneiden.

Zucchini-Kichererbsen-Salat mit Minz-Joghurt

Zubereitungszeit: ⧗ 30 Minuten
⊕ Vegetarisch

ZUTATEN FÜR 4 PORTIONEN

500 g	abgetropfte Kichererbsen (aus der Dose)
1 Bund	Radieschen
1	Zucchini
½	Blattsalat, z. B. Eichblatt-, Frisée-, Kopfsalat

FÜR DEN MINZ-JOGHURT:

3 Stängel	Minze
150 g	Joghurt (1,5 % Fett)
2 EL	Zitronensaft
1 gestr. TL	Harissa (afrikanische Gewürzpaste)
	Salz, gem. Pfeffer
1 Prise	Zucker

PRO PORTION:

E: 13 g, F: 4 g, Kh: 28 g, kcal: 207

1. Die Kichererbsen kurz mit kaltem Wasser abspülen und gut abtropfen lassen.

2. Die Radieschen putzen, abspülen, abtropfen lassen und in dünne Scheiben schneiden. Zucchini abspülen, abtrocknen und die Enden abschneiden. Zucchini auf der Haushaltsreibe grob raspeln. Blattsalat putzen, abspülen und abtropfen lassen oder trocken schleudern. Blattsalat in mundgerechte Stücke zupfen.

3. Blattsalat mit Kichererbsen, Radieschenscheiben und Zucchiniraspeln in eine Salatschüssel geben und vermischen.

4. Für den Minz-Joghurt Minze abspülen, trocken tupfen und die Blättchen von den Stängeln zupfen. Blättchen in Streifen schneiden. Joghurt mit 1 Esslöffel Minzestreifen sowie Zitronensaft und Harissa verrühren. Den Minz-Joghurt mit Salz, Pfeffer und Zucker abschmecken.

5. Die Salatzutaten mit dem Minz-Joghurt vermischen oder separat dazureichen.

TIPP:

Zum Sattessen reichen die angegebenen Mengen für 2 Portionen. Oder Sie reichen als Beilage pro Portion ein Viertel Fladenbrot zu dem Salat. Harissa ist eine Gewürzpaste aus roten Chilischoten. Sie schmeckt feurig-scharf – dosieren Sie sie deshalb vorsichtig.

Schmortomaten mit Tunfisch-Zwiebel-Topping

Zubereitungszeit: ⌛ 25 Minuten

ZUTATEN FÜR 3 PORTIONEN

1 EL	Olivenöl
2 EL	TK-Knoblauch
2	mittelgroße Fleischtomaten
100 g	Bulgur (grobe Weizengrütze)
125 ml	Gemüsebrühe (Instant)
	Salz
	gem. Pfeffer
	nach Geschmack etwas Cayennepfeffer oder grob geschroteter Chili
1	große Frühlingszwiebel
52 g	abgetropfter Tunfisch (1 kleine Dose)
75 g	Gratinkäse

PRO PORTION:

E: 15 g, F: 15 g, Kh: 27 g, kcal: 312

1. Öl in einem kleinen Topf erhitzen. Knoblauch darin goldbraun rösten. In der Zwischenzeit Tomaten abspülen, abtrocknen, waagerecht halbieren. Die Stängelansätze aus den oberen Hälften großzügig kreisrund herausschneiden. Tomatenfruchtfleisch mit einem Teelöffel herauslösen. Tomaten mit den Rundungen nach unten in eine Auflaufform setzen.

2. Tomatenfruchtfleisch hacken, zum Knoblauch geben und kurz andünsten. Bulgur einrühren. Brühe angießen, aufkochen und mit Salz, Pfeffer, evtl. Cayennepfeffer oder Chili würzen. Dann bei schwacher Hitze etwa 10 Minuten köcheln lassen.

3. Den Backofen vorheizen.
Ober-/Unterhitze: etwa 220 °C
Heißluft: etwa 200 °C

4. Frühlingszwiebel putzen, abspülen, abtropfen lassen und fein schneiden.

5. Tunfisch grob zerzupfen, mit den Frühlingszwiebelstücken unter den Bulgur mischen, mit Salz und Pfeffer abschmecken. Die Bulgurmasse in die Tomatenhälften verteilen. Käse darüberstreuen.

6. Die Form auf dem Rost in den vorgeheizten Backofen (mittlere Einschubleiste) schieben. Die Tomaten **10–12 Minuten gratinieren.**

TIPP:

T Vorbereitet und abgekühlt können Sie die Tomaten auch als köstliche Antipasti zu einem Glas Wein servieren. Tomaten dann am besten halbiert servieren, da eine ganze Tomate als Snack sehr sättigend ist.

DESSERT-TIPP: SÜSSER COUSCOUS-SALAT

T **300 ml gesüßten Reis-, Mandel- oder Sojadrink** und **1 Esslöffel Agavendicksaft** in einem Topf zugedeckt zum Kochen bringen. **100 g Couscous (Weizengrütze)** einstreuen, Topf von der Kochstelle nehmen. Couscous etwa 10 Minuten quellen lassen. In der Zwischenzeit **4 Pflaumen** und **1–2 Birnen** abspülen und abtropfen lassen. Pflaumen halbieren, entsteinen. Birnen schälen, vierteln und entkernen. Das Obst in Stücke schneiden. Couscous auflockern, mit etwas **gemahlenem Zimt** abschmecken. Couscous und Obst anrichten. Nach Belieben noch etwas **Agavendicksaft** darüberträufeln.

PRO PORTION:

E: 4 g, F: 2 g, Kh: 29 g, kcal: 156
Zubereitungszeit: ⌛ 15 Minuten
✪ Vegan
4 Portionen

Tortellini-Salat

Zubereitungszeit: ⧗ 30 Minuten,
ohne Abkühl- und Durchziehzeit

ZUTATEN FÜR 2 PORTIONEN

400 g	Tortellini mit Käsefüllung (aus dem Kühlregal)
250 g	Tomaten
100 g	Kochschinken, in Scheiben

FÜR DIE SALATSAUCE:

1	Knoblauchzehe
½ Bund	Schnittlauch
3 EL	weißer Balsamico-Essig
	Salz
	gem. Pfeffer
1 Prise	Zucker
4–5 EL	Olivenöl

PRO PORTION:

E: 31 g, F: 42 g, Kh: 67 g, kcal: 774

1. Die Tortellini nach Packungsanleitung zubereiten, dann in ein Sieb geben, kurz mit kaltem Wasser abspülen, abtropfen und erkalten lassen.

2. Die Tomaten abspülen, abtrocknen, vierteln und die Stängelansätze herausschneiden. Die Tomaten entkernen und in Spalten schneiden. Schinken in kleine Stücke oder Streifen schneiden.

3. Für die Salatsauce Knoblauch abziehen und fein würfeln oder durch eine Knoblauchpresse drücken. Schnittlauch abspülen, trocken tupfen und in feine Röllchen schneiden.

4. Essig mit Knoblauch verrühren, mit Salz, Pfeffer und Zucker würzen. Das Olivenöl unterschlagen. Dann die Schnittlauchröllchen unterrühren.

5. Tortellini, Tomatenspalten und Schinkenstücke oder -streifen in eine große Schüssel geben. Die Salatsauce hinzugeben und untermischen. Den Salat zugedeckt etwa 30 Minuten im Kühlschrank durchziehen lassen.

6. Zum Servieren den Salat vorsichtig durchmischen und nochmals mit Salz und Pfeffer abschmecken.

VARIANTE:

V Der Tortellini-Salat kann als vegetarische Variante ohne Schinken zubereitet werden. Den Schinken dann durch 200–250 g geputzte, in Scheiben geschnittene Champignons ersetzen. Der Tortellini-Salat ist für 2 Portionen zum Sattessen geeignet – als Beilage reicht er für 4 Portionen.

Tofuschnitten mit Nuss-Zwiebel-Kruste

Zubereitungszeit: ⧗ 10 Minuten, ohne Ziehzeit
Überbackzeit: ⧗ etwa 15 Minuten
✪ Vegan - laktosefrei

ZUTATEN FÜR 4 PORTIONEN

4 Stücke	abgetropfter Tofu (je 125 g)
2–3 EL	Sojasauce
4 EL	Sojaöl
	gem. Pfeffer
	nach Belieben 1 Prise geschroteter Chili und/oder Curry
1	große Fleischtomate
80 g	Nuss-Mix (z. B. Haselnusskerne, Mandeln, Walnuss-, Cashewkerne)
2–3 EL	Röstzwiebeln
2	mittelgroße Salatgurken (je etwa 350 g)
	Salz
1	kleine rote Zwiebel
2 EL	Zitronensaft (z B. aus der Flasche)

PRO PORTION:

E: 16 g, F: 29 g, Kh: 9 g, kcal: 373

1. Den Backofen vorheizen
Ober-/Unterhitze: etwa 200 °C
Heißluft: etwa 180 °C

2. Tofustücke nebeneinander in eine flache Auflaufform legen. Zunächst Sojasauce, dann 2 Esslöffel Öl darüberträufeln. Mit Pfeffer, Chili und/oder Curry bestreuen. Tomate abspülen, abtrocknen, den Stängelansatz herausschneiden. Tomate in Scheiben schneiden und auf den Tofustücken verteilen.

3. Nüsse hacken und auf den Tomatenscheiben verteilen. Zwiebeln darüberstreuen. Die Form auf dem Rost in den vorgeheizten Backofen schieben. Die Tofuschnitten **15 Minuten knusprig überbacken.**

4. Inzwischen die Gurken schälen, in feine Scheiben hobeln, mit ½ Teelöffel Salz in einer Schüssel mischen, kurz ziehen lassen.

5. Zwiebel abziehen, halbieren und in feine Ringe schneiden. Pfeffer, restliches Öl und Zitronensaft unter die Gurkenscheiben mischen. Zwiebelringe darüberstreuen.

6. Tofu und Gurkensalat anrichten.

TIPPS:

T Dazu passt z. B. knuspriges Baguette oder Zwiebelbaguette.
Die Tofuscheiben können Sie schon am Abend vorher marinieren und fertig belegt in eine Auflaufform geben. Mit Folie bedeckt im Kühlschrank aufbewahren. Am nächsten Tag im Backofen knusprig backen.

VARIANTE:

V Die Tofuscheiben schmecken auch mit gerösteten, gesalzenen Erdnusskernen oder Chili-Nussmix aus der Snack-Packung sehr lecker.

Immer beliebt und ratzfatz aufgetischt

BLITZ-PASTA-KÜCHE

Chili-Basilikum-Pasta

Zubereitungszeit: ⧗ 25 Minuten
⊕ Laktosefrei

ZUTATEN FÜR 4 PORTIONEN

3 ½ l	Wasser
1–2 TL	Salz
350 g	Hartweizen-Nudeln (z. B. kurze Makkaroni)
2–3	Knoblauchzehen
1	kleine rote Chilischote oder 1–2 Prisen grob geschroteter Chili
½ Bund	Basilikum
4 EL	Olivenöl
500 g	fertig gewürztes Geschnetzeltes nach „Gyros Art" (Kühltheke; Mischung aus geschnetzeltem Schweinefleisch, Zwiebeln, Gewürzen)
	gem. Pfeffer

PRO PORTION:

E: 40 g, F: 21 g, Kh: 63 g, kcal: 617

1. Wasser in einem großen Topf zugedeckt zum Kochen bringen. Dann Salz und Nudeln zugeben. Die Nudeln im geöffneten Topf bei mittlerer Hitze nach Packungsanleitung bissfest kochen, dabei gelegentlich umrühren.

2. Inzwischen Knoblauch abziehen und in Scheibchen schneiden. Chilischote putzen (dabei ggf. Einmalhandschuhe tragen), abspülen, abtropfen lassen, entstielen und längs aufschneiden. Die Kerne entfernen. Chili in feine Streifen schneiden. Basilikum abspülen, trocken schütteln und die Blättchen abzupfen, evtl. grob hacken.

3. Einen Esslöffel Öl in einer Pfanne erhitzen. Die Fleischmischung darin unter Wenden 8–10 Minuten knusprig braun braten.

4. Restliches Öl in einer weiteren großen Pfanne erhitzen. Knoblauch und Chili darin unter Wenden anrösten. Ein Drittel des Basilikums vorsichtig zugeben und knusprig frittieren.

5. Gegarte Nudeln in ein Sieb gießen, dabei 3 Esslöffel Nudelkochwasser auffangen. Nudeln gut abtropfen lassen.

6. Nudeln und aufgefangenes Kochwasser zum Knoblauchöl geben, alles durchschwenken und mit Salz und Pfeffer würzen. Restliches Basilikum darüberstreuen. Nudeln und Fleisch auf Tellern anrichten.

SPEED-TIPP:

Noch schneller geht's, wenn Sie frische Nudeln (aus der Kühltheke) zubereiten, die nur noch in kochendem Wasser 2–3 Minuten erhitzt werden müssen. Und dazu auf dem Weg vom Büro nach Hause beim Döner-Laden fertig gegartes Dönerfleisch kaufen. Evtl. kurz in einer beschichteten Pfanne erhitzen, zu den Nudeln servieren.

DESSERT-TIPP: HIMBEER-BUTTERMILCH-KALTSCHALE

T **250 g Himbeeren (frisch oder TK aufgetaut)** verlesen, evtl. kurz abspülen und trocken tupfen. Zwei Drittel der Himbeeren pürieren. Himbeerpüree, **500 ml Buttermilch, 4 Esslöffel Zitronen- oder Limettensaft (frisch gepresst oder aus dem Fläschchen), 2–3 Esslöffel Puderzucker** und **3 Esslöffel Instant-Haferflocken (schnelllöslich)** verquirlen. Kaltschale und restliche Himbeeren in Schälchen anrichten.

PRO PORTION:

E: 6 g, F: 2 g, Kh: 16 g, kcal: 115
Zubereitungszeit: ⧗ 10 Minuten
4 Portionen

Fadennudel-Suppe

Zubereitungszeit: ⧗ 20 Minuten
Garzeit: ⧗ etwa 5 Minuten

ZUTATEN FÜR 4 PORTIONEN

300 g	Möhren
1	Kohlrabi
1 ½ l	Gemüsebrühe
75 g	TK-Suppengrün
100 g	Fadennudeln
200 g	Kochschinken, in Scheiben
1 Bund	Schnittlauch
	Salz
	gem. Pfeffer
	ger. Muskatnuss

PRO PORTION:

E: 14 g, F: 3 g, Kh: 19 g, kcal: 156

1. Möhren und Kohlrabi putzen, schälen, abspülen, abtropfen lassen und auf der groben Seite der Haushaltsreibe raspeln.

2. Gemüsebrühe in einem Topf zum Kochen bringen. Gefrorenes Suppengrün, Fadenudeln und Gemüseraspel hinzufügen, zum Kochen bringen und etwa 5 Minuten kochen lassen.

3. In der Zwischenzeit Schinken in Streifen schneiden. Schnittlauch abspülen, trocken tupfen und in Röllchen schneiden.

4. Schinkenstreifen in der Suppe erhitzen. Die Suppe mit Salz, Pfeffer und Muskat abschmecken. Mit Schnittlauchröllchen bestreut servieren.

VARIANTE:

V Zusätzlich 100 g geputzte, abgespülte, trocken getupfte und in Streifen geschnittene Zuckerschoten mit den Fadennudeln in die Suppe geben. Kinder freuen sich, wenn Sie statt der Fadennudeln Buchstabennudeln in die Suppe geben.

Glasnudelsuppe mit Lauch

Zubereitungszeit: ⧗ 30 Minuten
⊕ Vegan - lakosefrei

ZUTATEN FÜR 4 PORTIONEN

2 Stangen	Lauch (etwa 300 g)
150 g	Glasnudeln
2 EL	Sonnenblumenöl
750 ml	vegane Gemüsebrühe
½ Bund	Zitronenmelisse
200 g	Sojakeimlinge (frisch oder abgetropft aus dem Glas)
3 EL	vegane Sojasauce
	Saft von ½ Zitrone
	Salz, gem. weißer Pfeffer
	Cayennepfeffer

PRO PORTION:

E: 5 g, F: 6 g, Kh: 36 g, kcal: 228

1. Lauch putzen, die Stangen längs halbieren, gründlich waschen, abtropfen lassen und in feine Streifen schneiden.

2. Glasnudeln in eine Schüssel geben, mit kochendem Wasser übergießen und 1–2 Minuten ziehen lassen. Glasnudeln in einem Sieb abtropfen lassen und mit einer Küchenschere klein schneiden.

3. Das Sonnenblumenöl in einem Wok erhitzen. Lauchstreifen darin unter Rühren andünsten. Brühe hinzugießen, zum Kochen bringen und zugedeckt bei mittlerer Hitze etwa 5 Minuten garen.

4. In der Zwischenzeit die Zitronenmelisse abspülen, trocken tupfen und die Blättchen von den Stängeln zupfen. Blättchen klein schneiden. Frische Sojakeimlinge verlesen, in ein Sieb geben, mit kaltem Wasser abspülen und abtropfen lassen. Glasnudeln, Sojakeimlinge, Sojasauce und Zitronensaft zu den Lauchstreifen in den Wok geben. Die Zutaten aufkochen lassen. Die Suppe mit Salz, Pfeffer und Cayennepfeffer abschmecken. Kurz vor dem Servieren die Zitronenmelisse unterheben.

Pasta California

Zubereitungszeit: ⧗ 20 Minuten

ZUTATEN FÜR 2 PORTIONEN

1 ½ l	Wasser
1 ½ gestr. TL	Salz
150 g	Pasta, z. B. Penne
1	großer Kopf Radicchio (etwa 300 g)
2	Chicorée (je etwa 160 g)
1	rosa Grapefruit
3–4 EL	Olivenöl
	Salz
	gem. Pfeffer
	grob geschroteter Chili oder Cayennepfeffer
3 EL	Limettensaft (frisch gepresst oder aus dem Fläschchen)
1 Prise	Zucker
250 g	geräucherte Meer- oder Bachforellenfilets
2 EL	gehackter Dill (frisch oder TK)

PRO PORTION:

E: 39 g, F: 20 g, Kh: 65 g, kcal: 631

1. Wasser in einem großen Topf zugedeckt zum Kochen bringen. Dann Salz und Nudeln zugeben. Die Nudeln im geöffneten Topf bei mittlerer Hitze nach Packungsanleitung bissfest kochen, dabei gelegentlich umrühren.

2. In der Zwischenzeit Radicchio und Chicorée putzen, abspülen und abtropfen lassen. Radicchio und Chicorée halbieren, die Strunkansätze herausschneiden. Radicchio und Chicorée in Streifen schneiden. Grapefruit dick schälen, sodass die weiße Haut mitentfernt wird. Filets zwischen den Trennhäuten herauslösen.

3. Einen Esslöffel Öl in einer beschichteten Pfanne erhitzen. Die Salatstreifen darin kurz knackig anbraten. Mit Salz, Pfeffer und Chili oder Cayennepfeffer nach Geschmack würzen. Gegarte Nudeln abgießen, dabei etwa 3 Esslöffel Nudelkochwasser auffangen.

4. Limettensaft und Nudeln mit in die Pfanne geben und alles durchschwenken. Mit Salz, Pfeffer und Zucker würzen. Restliches Öl, Nudelkochwasser und Grapefruitfilets zugeben, nochmals durchschwenken.

5. Forellenfilets in Stücke teilen, im Dill wenden. Nudeln, Gemüse und Fischstücke auf Tellern anrichten.

SPEED-TIPP:

Noch schneller geht es mit frischer Pasta aus dem Kühlregal, die nur 2–3 Minuten in kochendem Wasser erhitzt werden muss.

DESSERT-TIPP: MARONEN-ESPRESSO-CREME

200 g Maronenpüree mit Vanille (aus der Dose, Esskastanien-Püree) und **3–4 Esslöffel Apfeldicksaft** mit einem Mixer (Rührstäbe) glatt mixen. **250 g Sahnequark oder Seidentofu (Sojaquark)** unterrühren. Die Creme mit **2–3 Teelöffeln Instant-Espresso-Pulver** und zusätzlich Apfeldicksaft abschmecken. Creme in Gläser füllen und anrichten.

PRO PORTION:

E: 9 g, F: 13 g, Kh: 28 g, kcal: 274
Zubereitungszeit: ⧗ 5 Minuten
4 Portionen

Pikanter Nudelsalat mit Hähnchenfilet

Zubereitungszeit: ⧗ 25 Minuten, ohne Durchziehzeit

ZUTATEN FÜR 4 PORTIONEN

2 ½ l	Wasser
2 ½ gestr. TL	Salz
250 g	Nudeln, z. B. Mini-Penne

FÜR DAS DRESSING:

4 EL	Weißweinessig
4 EL	heiße Gemüsebrühe
1 Msp.	Chiliflocken
2–3 EL	Sojasauce
6 EL	Sojaöl
1	Knoblauchzehe
½ TL	gem. Ingwer
3	Frühlingszwiebeln
200 g	abgetropfter Kürbis in Stückchen (aus dem Glas)
200 g	gebratene Hähnchenfilet-Streifen (aus dem Kühlregal)
	Salz
	gem. Pfeffer
2 EL	gehackte, geröstete Erdnusskerne

PRO PORTION:

E: 23 g, F: 20 g, Kh: 49 g, kcal: 473

1. Wasser in einem großen Topf zugedeckt zum Kochen bringen. Dann Salz und Nudeln hinzugeben. Die Nudeln im geöffneten Topf bei mittlerer Hitze nach Packungsanleitung bissfest kochen, dabei gelegentlich umrühren.

2. In der Zwischenzeit für das Dressing Essig mit Brühe, Chiliflocken und Sojasauce in einer großen Salatschüssel verrühren. Das Sojaöl unterschlagen. Knoblauch abziehen, durch eine Knoblauchpresse drücken, zusammen mit dem Ingwer unter das Dressing rühren.

3. Frühlingszwiebeln putzen, abspülen, abtropfen lassen, in feine Scheiben schneiden und unter das Dressing rühren.

4. Die gegarten Nudeln in ein Sieb geben, mit kaltem Wasser abspülen und abtropfen lassen. Die Nudeln mit dem Dressing vermischen. Den Salat etwa 5 Minuten durchziehen lassen.

5. Anschließend die Kürbisstückchen und Hähnchenfilet-Streifen unter den Nudelsalat heben.

6. Den Nudelsalat mit Salz und Pfeffer abschmecken, mit Erdnusskernen bestreuen.

TIPP:

T Den Salat evtl. auf fein geschnittenem Radicchio oder Chinakohl anrichten. Erdnusskerne enthalten sehr viel Fett. In Maßen genossen, sind Sie aber ein wertvoller Lieferant von Eiweiß, B-Vitaminen, Fluor und Jod. Achten Sie jedoch darauf, gute Markenware zu kaufen, da vor allem Billigprodukte mit Aflatoxinen (Schimmelpilzgiften) belastet sein können.

Skandinavischer Nudelsalat

Zubereitungszeit: ⧗ 30 Minuten, ohne Durchziehzeit

ZUTATEN FÜR 4 PORTIONEN

2 ½ l	Wasser
2 ½ gestr. TL	Salz
250 g	Nudeln, z. B. Hörnchennudeln
6 EL	heiße Gemüsebrühe
	Salz
	gem. Pfeffer
1	Bio-Salatgurke
2–3	Stängel Dill
2 EL	saure Sahne oder Schmand (Sauerrahm)
etwas	Zucker
140 g	abgetropfter Gemüsemais (aus der Dose)
200 g	gegarte, geschälte Garnelen

PRO PORTION:

E: 20 g, F: 13 g, Kh: 54 g, kcal: 421

1. Wasser in einem großen Topf zugedeckt zum Kochen bringen. Dann Salz und Nudeln hinzugeben. Die Nudeln im geöffneten Topf bei mittlerer Hitze nach Packungsanleitung bissfest kochen, dabei gelegentlich umrühren.

2. Anschließend die gegarten Nudeln in ein Sieb geben, mit kaltem Wasser abspülen und abtropfen lassen.

3. Die Nudeln mit der Gemüsebrühe in eine Salatschüssel geben und gut vermischen, mit Salz und Pfeffer würzen.

4. Die Salatgurke abspülen, abtrocknen, nach Belieben schälen und die Enden abschneiden. Gurke in dünne Scheiben schneiden oder auf einer Haushaltsreibe hobeln.

5. Dill abspülen, trocken tupfen und die Spitzen von den Stängeln zupfen, Spitzen klein schneiden. Dill mit saurer Sahne oder Schmand verrühren. Die Sauce mit Salz, Pfeffer und Zucker würzen und mit den Gurkenscheiben vermengen.

6. Gemüsemais, Garnelen und den vorbereiteten Gurkensalat unter die Nudeln heben.

7. Den Salat etwa 5 Minuten durchziehen lassen. Dann den Salat nochmals mit Salz und Pfeffer abschmecken.

TIPP:

T Garnelen liefern jede Menge Proteine und dabei wenig Fett. Kaufen Sie wenn möglich Garnelen in Bio-Qualität aus nachhaltiger Zucht.

Frische Pasta mit Hähnchen und Zitronenbröseln

Zubereitungszeit: ⧗ 20 Minuten
⊕ Lakosefrei

ZUTATEN FÜR 4 PORTIONEN

3 ½ l	Wasser
3 ½ gestr.	
TL	Salz
350 g	frische Pasta (z. B. Bandnudeln)
1	fertig gekauftes Grillhähnchen
2 TL	getrocknete Rosmarinnadeln
5 EL	Olivenöl
3 EL	Semmelbrösel
	fein abgeriebene Schale von 1 Bio-Zitrone (unbehandelt, ungewachst)
4	Tomaten
50 g	abgetropfte, schwarze Oliven
	gem. Pfeffer

PRO PORTION:

E: 26 g, F: 24 g, Kh: 30 g, kcal: 454

1. Wasser in einem großen Topf zugedeckt zum Kochen bringen. Dann Salz und Nudeln zugeben. Die Nudeln im geöffneten Topf bei mittlerer Hitze nach Packungsanleitung bissfest kochen, dabei gelegentlich umrühren.

2. Das Hähnchenfleisch mit der Haut von den Knochen lösen, in mundgerechte Stücke zupfen bzw. schneiden. Rosmarin evtl. feiner hacken.

3. Öl in einer großen beschichteten Pfanne erhitzen. Semmelbrösel darin knusprig anrösten. Zitronenschale untermischen, auf einen Teller geben.

4. Hähnchenstücke im Bratfett in der Pfanne auf den Hautseiten knusprig nachbraten. Tomaten abspülen, abtrocken, vierteln und die Stängelansätze herausschneiden.

5. Gegarte Nudeln abgießen und gut abtropfen lassen. Nudeln, Oliven, Rosmarin und Tomaten mit in die Pfanne geben, alles vorsichtig durchmischen und nochmals kurz erhitzen. Mit Salz und Pfeffer würzen.

6. Pasta, Hähnchen und Gemüse auf 4 Teller verteilen. Die Knusper-Zitronenbrösel darüberstreuen und servieren.

VARIANTE:

V Statt des Grillhähnchens können sie auch 600 g fertig gebratenes Geflügelfilet (z. B. Pute/Hähnchen) aus dem Kühlregal verwenden.

DESSERT-TIPP: BIRNEN MIT MASCARPONE

T **460 g abgetropfte Birnenhälften (aus der Dose)** trocken tupfen. **50 g Amarettini (italienisches Mandelgebäck)** in einen kleinen Gefrierbeutel geben, Beutel verschließen. Amarettini mit einer Teigrolle zerbröseln. **250 g Mascarpone, 250 g Magerquark, 3 Esslöffel Zitronensaft (frisch gepresst oder aus dem Fläschchen)** und **3–4 Esslöffel Puderzucker** verrühren. Amarettinibrösel unterrühren. Birnenhälften und Quark anrichten. Nach **Belieben mit Schokoladensauce (aus dem Gläschen/Flasche)** oder **geraspelter Zartbitter-Schokolade** anrichten.

PRO PORTION:

E: 8 g, F: 19 g, Kh: 24 g, kcal: 307
Zubereitungszeit: ⧗ 10 Minuten
4–6 Portionen

Grüne Bandnudeln mit Tomaten-Aprikosen-Sugo

Zubereitungszeit: ⧗ 25 Minuten,
⊕ Vegan - laktosefrei

ZUTATEN FÜR 4 PORTIONEN

5 l	Wasser
500 g	reife, aromatische Tomaten
400 g	frische Aprikosen oder
250 g	abgetropfte Aprikosenhälften (natursüß, aus der Dose)
2	Schalotten
3 EL	Olivenöl
1 EL	brauner Voll-Rohrzucker
3–4 EL	Zitronensaft
	Salz, gem. Pfeffer
evtl.	
3–4 EL	Mandel- oder Olivenöl zum Aromatisieren
5 gestr. TL	Salz
500 g	grüne Bandnudeln

PRO PORTION:

E: 18 g, F: 20 g, Kh: 102 g, kcal: 590

1. Wasser in einem Wasserkocher zum Kochen bringen. In der Zwischenzeit die Tomaten kreuzweise einschneiden und mit kochendem Wasser übergießen. Nach 1–2 Minuten herausnehmen und mit kaltem Wasser abschrecken. Tomaten häuten, halbieren und die Stängelansätze herausschneiden. Tomaten entkernen und in kleine Würfel schneiden.

2. Frische Aprikosen kurz mit kochendem Wasser überbrühen, mit kaltem Wasser abschrecken und abtropfen lassen. Von den Aprikosen die Haut abziehen. Aprikosen halbieren und entkernen. Aprikosenhälften klein würfeln. Schalotten abziehen und ebenfalls in kleine Würfel schneiden. Salz und Nudeln in das kochende Wasser geben. Die Nudeln im geöffneten Topf bei mittlerer Hitze nach Packungsanleitung kochen lassen, dabei gelegentlich umrühren.

3. Das Olivenöl in einer Pfanne erhitzen. Die Schalottenwürfel darin glasig und weich dünsten. Dann mit Zucker bestreuen, leicht goldbraun karamellisieren lassen und mit Zitronensaft aromatisieren.

4. Aprikosenwürfel hinzugeben, mit Salz und Pfeffer würzen. Die Zutaten unter Rühren 2–3 Minuten dünsten. Dann die Tomatenwürfel hinzugeben und alles weitere 4–6 Minuten unter Rühren zu einem leicht stückigen Sugo einkochen.

5. Anschließend die Nudeln in ein Sieb geben und abtropfen lassen.

6. Nach Belieben Mandel- oder Olivenöl unter das Sugo rühren, nochmals mit Salz, Pfeffer und evtl. noch etwas Zucker und Zitronensaft abschmecken. Bandnudeln mit dem Sugo auf Tellern anrichten und servieren.

Linguine mit Ziegenfrischkäse-Sauce

Zubereitungszeit: ⧗ 20 Minuten,
⊕ Vegetarisch

ZUTATEN FÜR 4 PORTIONEN

1	Schalotte
2	Knoblauchzehen
1 Bund	Frühlingszwiebeln
12	Cocktailtomaten
30 g	Butter
5 gestr. TL	Salz
500 g	Linguine (dünne Bandnudeln)
250 g	cremiger Frischkäse (z. B. Ziegenfrischkäse)
200 g	Schlagsahne
	Salz, gem. Pfeffer
	nach Belieben 2 EL TK-Basilikum

PRO PORTION:

E: 25 g, F: 43 g, Kh: 94 g, kcal: 884

1. Wasser in einem großen Topf zugedeckt zum Kochen bringen. In der Zwischenzeit Schalotte und Knoblauch abziehen, in kleine Würfel schneiden. Frühlingszwiebeln putzen, abspülen, abtropfen lassen und in feine Scheiben schneiden. Tomaten abspülen, abtropfen lassen und die Stängelansätze herausschneiden.

2. Die Butter in einem Topf zerlassen, Zwiebel- und Knoblauchwürfel darin andünsten. Salz und Nudeln in das kochende Wasser geben. Die Nudeln im geöffneten Topf bei mittlerer Hitze nach Packungsanleitung kochen, dabei gelegentlich umrühren.

3. Ziegenfrischkäse und Sahne zur Zwiebelmischung geben und unter Rühren erhitzen, mit Salz und Pfeffer würzen. Frühlingszwiebelscheiben und Tomaten in die Sauce geben und kurz erhitzen.

4. Anschließend die Nudeln in ein Sieb geben und abtropfen lassen.

5. Die Nudeln mit der Ziegenfrischkäse-Sauce vermengen. Kräuter darüberstreuen und unterheben. Linguine mit der Ziegenfrischkäse-Sauce auf Tellern anrichten und servieren.

Zitronen-Pasta-Salat

Zubereitungszeit: ⧗ 25 Minuten
⊕ Vegetarisch

ZUTATEN FÜR 4 PORTIONEN

ZUM VORBEREITEN:

2 ½ l	Wasser
2 ½ gestr.	
TL	Salz
250 g	Nudeln, z. B. Penne oder Rigatoni
60 g	schwarze Kalamata-Oliven, mit Stein
1	Bio-Zitrone (unbehandelt, ungewachst)
600 g	Cocktailtomaten
4 Stängel	Basilikum
3–4 EL	Olivenöl
40 g	abgetropfte Kapern (aus dem Glas)
¼–½ EL	Chiliflocken
	Salz
200 ml	Gemüsebrühe
20 g	fein ger. Parmesan

PRO PORTION:

E: 12 g, F: 14 g, Kh: 50 g, kcal: 378

1. Zum Vorbereiten Wasser in einem großen Topf zugedeckt zum Kochen bringen. Dann Salz und Nudeln hinzugeben. Die Nudeln im geöffneten Topf bei mittlerer Hitze nach Packungsanleitung bissfest kochen, dabei gelegentlich umrühren. Anschließend die Nudeln in ein Sieb geben (nicht abschrecken!) und gut abtropfen lassen.

2. Die Oliven vom Stein schneiden. Die Zitrone heiß abwaschen, abtrocknen und die Schale mit einem Zestenreißer fein abschälen. Zitrone halbieren, den Saft auspressen und 4 Esslöffel davon abmessen.

3. Tomaten abspülen, abtrocknen, halbieren und die Stängelansätze herausschneiden. Basilikum abspülen, trocken tupfen und die Blättchen von den Stängeln zupfen. Blättchen grob schneiden.

4. Olivenöl in einer großen Pfanne erhitzen. Tomatenhälften, Kapern, Oliven, Chiliflocken und Zitronenzesten darin etwa 1 Minute unter Rühren anbraten, mit Salz würzen. Die Zutaten mit dem abgemessenen Zitronensaft und der Gemüsebrühe ablöschen, zum Kochen bringen und auf die Hälfte einkochen lassen. Basilikum untermischen.

5. Die Tomaten-Oliven-Mischung mit der Pasta vermengen. Den Zitronen-Pasta-Salat mit Parmesan bestreuen und warm servieren.

TIPP:

Mit den richtigen Zutaten kombiniert, liefern Nudeln nur wenig Fett, dafür viele Kohlenhydrate und damit jede Menge Energie. Nudeln sind das ideale Essen für alle, die sich viel bewegen, zum Beispiel Sportler. Greifen Sie bei Pasta auch immer wieder zu Vollkorn-Nudeln, die mit zusätzlichen Ballaststoffen punkten.

DESSERT-TIPP:

Ideal ist dieses Essen mit einem eiweißreichen Dessert, z.B. mit Zimtjoghurt mit Bananensalat (S. 22).

Perfekt vorbereiten – entspannt essen

POWER-SNACKS

Roasted Tuna-Burger

Zubereitungszeit: ⧗ 15 Minuten

ZUTATEN FÜR 4 PORTIONEN

150 g	abgetropfter Tunfisch (aus der Dose, naturell, in eigenem Saft)
1	Fleischtomate
4	XXL-Sesam-Burger-Brötchen
2 TL	Pesto (aus dem Glas)
4 EL	Salatmayonnaise

PRO PORTION:

E: 15 g, F: 28 g, Kh: 38 g, kcal: 470

1. Tunfisch fein zerzupfen. Tomate abspülen, abtrocknen, halbieren und den Stängelansatz herausschneiden. Tomate in etwa 1 cm dicke Scheiben schneiden.

2. Burgerbrötchen auf den unteren Hälften dünn mit je 1 Teelöffel Pesto bestreichen. Beide Hälften dann mit Mayonnaise bestreichen. Tunfisch auf den unteren Brötchenhälften verteilen. Je 1–2 Tomatenscheiben auflegen.

3. Obere Burgerhälften auflegen, andrücken. Eine beschichtete Pfanne auf niedrige bis mittlere Temperatur erhitzen. Die Burgerbrötchen einlegen, mit einem schweren, geradem Deckel oder Teller beschweren. Brötchen unter gelegentlichem Wenden (Achtung, brennen rasch an!) auf beiden Seiten knusprig rösten.

TIPP:

T Burger halbieren und z. B. mit rasch gemachtem Gurkensalat anrichten:
Gurkensalat mit Schmand-Dressing:
2 mittelgroße Salatgurken schälen. Einen Küchenhobel über ein großes, feines Sieb legen. Gurken damit in feine Scheiben hobeln. Mit etwa 1 Teelöffel Salz gründlich vermischen, etwa 10 Minuten ziehen und kurz abtropfen lassen. In der Zwischenzeit 2 Esslöffel (75 g) Schmand, gemahlenen Pfeffer und nach Belieben 1 Esslöffel tiefgekühlte Kräuter (z. B. Dill oder Borretsch) in einer Schüssel verrühren. Gurkenscheiben nochmals durchmischen, eventuell leicht ausdrücken. Gurken zum Dressing geben und gründlich durchmischen (Sieb sofort mit Wasser abspülen und abtropfen lassen, so muss es nicht extra abgewaschen werden). Gurkensalat nach Geschmack mit etwas Salz nachwürzen.

EXTRA-TIPP:

T Ihr Supermarkt hat keine XXL-Burger-Brötchen im Programm? Dann einfach die klassischen Burger-Brötchen kaufen und pro Person ruhig ½–1 Burger mehr zubereiten.
Die Burger schmecken übrigens auch abgekühlt sehr lecker.

Kohlrabi-Kräuter-Frittata mit Landschinken

Zubereitungszeit: ⧗ 15 Minuten

ZUTATEN FÜR 2 PORTIONEN

800 g	Kohlrabi
100 ml	Gemüsebrühe
4	Eier (Größe S)
60 g	Frischkäse (0,2 % Fett)
4 EL	fein gehackte Kräuter (frisch oder TK, z. B. Kerbel, Bärlauch oder Basilikum)
	Salz
	gem. Pfeffer
100 g	magerer Landschinken in Würfeln (aus dem Kühlregal)
2 EL	abgetropfter Gemüsemais (aus der Dose)
evtl. 2	Tomaten
einige	Kräuterblättchen

PRO PORTION:

E: 34 g, F: 11 g, Kh: 15 g, kcal: 296

1. Kohlrabi putzen, schälen, abspülen, abtropfen lassen und in etwa 1 x 3 cm feine Stifte schneiden. Brühe in einer Pfanne zum Kochen bringen. Die Kohlrabistifte hinzugeben und zugedeckt etwa 3 Minuten bei mittlerer Hitze dünsten. Dann den Deckel abnehmen und die Brühe bei starker Hitze einkochen lassen.

2. In der Zwischenzeit Eier mit Frischkäse und Kräutern verschlagen, mit etwas Salz und Pfeffer würzen.

3. Schinkenwürfel und Mais zu den Kohlrabistiften in die Pfanne geben. Die Temperatur reduzieren und die verschlagenen Eier hinzugießen. Frittata zugedeckt bei schwacher Hitze 3–5 Minuten stocken lassen.

4. Nach Belieben Tomaten abspülen, abtrocknen, vierteln und die Stängelansätze herausschneiden. Tomatenviertel entkernen und anschließend in Spalten schneiden.

5. Kohlrabi-Kräuter-Frittata mit Tomatenspalten und abgespülten, trocken getupften Kräuterblättchen garnieren.

VARIANTE:

V Die Frittata (2 Portionen) lässt sich auch sehr gut mit 600 g vorbereiteten Brokkoliröschen oder 600 g TK-Gemüsemischung (z. B. Farmer-Gemüse) zubereiten.
Frittata mit Brokkoli: Pro Portion:
E: 40 g, F: 11 g, Kh: 14 g, kcal: 316
Frittata mit Gemüse: Pro Portion:
E: 36 g, F: 12 g, Kh: 23 g, kcal: 346

Lachspfannkuchen

Zubereitungszeit: ⧗ 15 Minuten

ZUTATEN FÜR 2 PORTIONEN

600 g	Tomaten
	Salz
	gem. Pfeffer
2 EL	Olivenöl
2 EL	TK-Schnittlauchröllchen
3 TL	milder, flüssiger Honig
2 ½–3 TL	milder Senf
125 g	Rucola (Rauke)
300 g	(4–5 Stück) fertig gekaufte Pfannkuchen (für süßen oder herzhaften Belag; z. B. aus der Kühltheke)
150–200g	geräucherter Lachs in Scheiben

PRO PORTION:

E: 31 g, F: 33 g, Kh: 38 g, kcal: 589

1. Tomaten abspülen, abtrocknen und die Stängelansätze herausschneiden Tomaten würfeln oder in Scheiben schneiden. Etwas Salz, Pfeffer und Öl untermischen. Schnittlauch darüberstreuen.

2. Honig und Senf verrühren. Rucola verlesen, die groben Stiele abschneiden. Rucola abspülen, gut abtropfen lassen oder trocken schleudern und evtl. etwas kleiner zupfen. Pfannkuchen nach Packungsanleitung in der Mikrowelle (je 2 Stück bei max. 600 Watt etwa 2 Minuten) oder in einer heißen, beschichteten Pfanne kurz erhitzen.

3. Pfannkuchen mit dem Honig-Senf-Dip beträufeln, Rucola darauf verteilen. Lachsscheiben darauflegen. Die Pfannkuchen fest aufrollen, in Stücke teilen und evtl. zum Servieren in Servietten wickeln. Lachspfannkuchen und Tomatensalat anrichten.

EXTRA-TIPP:

T Sie stehen bei Pfannkuchen auf jeden Fall auf „selbstgemacht"? Dann einfach 2 Eier (Größe M), 60 g Weizenmehl, 1 Prise Salz und etwa 250 ml Milch (3,5 % Fett) verquirlen. Etwa 5 Minuten quellen lassen. Evtl. noch etwas Wasser unter den Teig schlagen, falls er zu dicklich ist. 2 Teelöffel Butter portionsweise in einer beschichteten Pfanne bei mittlerer Hitze zerlassen. Etwas Teig in die Pfanne geben, durch Schwenken darin gleichmäßig dünn verteilen, goldbraun backen, wenden und fertig backen. Aus dem Teig nach und nach 4–5 dünne Pfannkuchen backen.
Die Pfannkuchen können bereits 1–2 Tage im Voraus gebacken werden. Dann nur noch rasch erhitzen und belegen.

DESSERT-TIPP: KNUSPRIGE APFELSPEISE

T **1 Esslöffel vegane Margarine** in einer Pfanne bei mittlerer Hitze zerlassen. **2 Esslöffel kernige Haferflocken** hinzugeben, unter Rühren goldbraun rösten, herausnehmen und auf einem Teller erkalten lassen. Inzwischen **200 ml gut gekühlte Sojacreme zum Aufschlagen** in einem Rührbecher leicht aufschlagen, dann unter weiterem Schlagen **1 Päckchen Sahnesteif** einrieseln lassen. **2 mittelgroße Äpfel** abspülen und abtrocknen. Äpfel entkernen und auf einer Haushaltsreibe grob raspeln, unter die Sojamasse heben. **50 g gehackte Mandeln** unterheben. Die Apfelspeise mit **2–3 Teelöffeln Agavendicksaft, 1 Prise gemahlenem Zimt** und **1–2 Teelöffeln Zitronensaft** abschmecken. Mit den gerösteten Haferflocken in eine Schüssel schichten.

PRO PORTION:

E: 5 g, F: 19 g, Kh: 16 g, kcal: 262
Zubereitungszeit: ⧗ 15 Minuten
4 Portionen

Orientalische Salatplatte mit Joghurt-Dip

Zubereitungszeit: 20 Minuten,
ohne Durchzieh- und Abkühlzeit
Garzeit: 30–40 Minuten

ZUTATEN FÜR 4 PORTIONEN

450 ml	Gemüsebrühe
150 g	Bulgur (grobe Weizengrütze)

FÜR DAS DRESSING:

3 EL	Zitronensaft
1 TL	flüssiger Honig
	gem. Pfeffer
2 EL	Nussöl, z. B. Walnussöl
1	Frühlingszwiebel
750 g	Rote Bete (vorgegart, vakuumverpackt)
240 g	abgetropfte Kichererbsen (aus der Dose)
2 EL	grob gehackte Walnusskerne
¼	Granatapfel
1 EL	Sesamsamen, geschält

FÜR DEN DIP:

1	Knoblauchzehe
1 Bund	Schnittlauch
3–4	Stängel Minze
500 g	laktosefreier Joghurt (1,5 % Fett)
einige	Tropfen flüssiger Honig

PRO PORTION:

E: 19 g, F: 17 g, Kh: 64 g, kcal: 508

1. Gemüsebrühe zum Kochen bringen. Bulgur unter Rühren einstreuen, bei schwacher Hitze 8–10 Minuten ausquellen lassen. Bulgur in einem Sieb abtropfen und erkalten lassen.

2. Für das Dressing Zitronensaft mit Honig, Salz und Pfeffer verrühren. Nussöl unterschlagen.

3. Frühlingszwiebel putzen, abspülen, abtropfen lassen, in Scheiben schneiden. Die Rote Bete in Spalten oder Scheiben schneiden, mit dem Dressing und den Frühlingszwiebelscheiben mischen. Kichererbsen in ein Sieb geben, mit kaltem Wasser abspülen und abtropfen lassen. Kichererbsen unter die Rote Bete mischen und mindestens 30 Minuten durchziehen lassen.

4. In der Zwischenzeit Walnusskerne in einer Pfanne ohne Fett unter Wenden rösten, bis sie anfangen zu duften. Walnusskerne auf einem Teller abkühlen lassen. Die Kerne mithilfe einer Gabel aus dem Granatapfel herauslösen (Vorsicht: Es spritzt!). Die vorbereiteten Salatzutaten auf einer Platte anrichten, mit Sesam und Walnusskernen bestreuen.

5. Für den Dip Knoblauch abziehen. Schnittlauch und Minze abspülen und trocken tupfen. Minzeblättchen von den Stängeln zupfen und klein schneiden. Schnittlauch in Röllchen schneiden. Joghurt mit Honig, etwas Salz und Pfeffer verrühren. Den Knoblauch durch eine Knoblauchpresse dazupressen. Die Kräuter unterrühren und den Dip nochmals mit Salz und Pfeffer abschmecken. Die Salatplatte mit dem Dip anrichten.

TIPPS:

T Dazu passt Fladenbrot, z. B. Chapatis oder Tortillas.
Kichererbsen sollten aufgrund ihres hohen Eiweiß- und Eisenanteils bei Vegetariern und Veganern öfter auf dem Speiseplan stehen. Zudem enthalten sie reichlich Kalzium und Magnesium.

Weißwurst-Gröstl-Burger

Zubereitungszeit: ⧗ 15 Minuten

ZUTATEN FÜR 6 PORTIONEN

300 g	fertig gekaufter Krautsalat (z. B. aus der Frische- oder Kühltheke)
6	Weißwürste
1 TL	Sonnenblumenöl
3 TL	körniger Senf
6 EL	Röstzwiebeln
6	Laugengebäck-Stangen
evtl.	etwas Butter

PRO PORTION:

E: 15 g, F: 23 g, Kh: 48 g, kcal: 475

1. Krautsalat gut abtropfen lassen. Weißwürste aus den Hüllen lösen, in Scheiben schneiden.

2. Öl in einer beschichteten Pfanne erhitzen. Die Wurstscheiben darin unter Wenden zartbraun anbraten. Den Senf untermischen und die Zwiebeln darüberstreuen.

3. Laugenstangen waagerecht aufschneiden. Untere Hälften nach Belieben mit etwas Butter bestreichen. Krautsalat zusätzlich mit Händen ausdrücken, auf den unteren Laugenstangen-Hälften verteilen. Wurst-Mischung darauf verteilen. Die oberen Laugenstangen-Hälften auflegen. Stangen evtl. schräg halbieren, in Butterbrotpapier-Tütchen anrichten und servieren.

EXTRA-TIPP:

T Auch als Selfservice eine prima Idee: Wenn Sie Gäste zum Wein-Abend oder Weißbier-Abend eingeladen haben, einfach Weißwurst-Gröstl-Mischung in einer großen Pfanne servieren. Dazu kann sich jeder beim Krautsalat und dem Laugengebäck bedienen und sich selbst einen Weißwurst-Burger zusammenstellen.

Melonen-Gazpacho mit Ziegenfrisch-käse-Nocken

Zubereitungszeit: ⧗ 25 Minuten, ohne Kühlzeit
✚ Vegetarisch

ZUTATEN FÜR 4 PORTIONEN

FÜR DIE GAZPACHO:

350 ml	Gemüsebrühe
35 g	Hirseflocken
1	rote Paprikaschote (etwa 190 g)
300 g	Fleischtomaten
1–2	Knoblauchzehen
560 g	Zuckermelonen-Fruchtfleisch, z. B. Charentais-, Ogen- oder Cantaloup-Melone (vorbereitet gewogen)
1–2 EL	Apfel- oder weißer Balsamico-Essig
	Salz, gem. Pfeffer
	Chiliflocken oder Cayennepfeffer

FÜR DIE ZIEGENFRISCHKÄSE-NOCKEN:

2–3	Stängel Minze
25 g	abgetropfte, getrocknete Tomaten, in Öl
150 g	milder Ziegenfrischkäse (17 % Fett)
evtl.	eiskaltes (Mineral-) Wasser

PRO PORTION:

E: 8 g, F: 8 g, Kh: 30 g, kcal: 223

1. Für die Gazpacho Brühe in einem Topf zum Kochen bringen. Den Topf von der Kochstelle nehmen. Die Hirseflocken einrühren, etwas abkühlen lassen.

2. In der Zwischenzeit Paprikaschote halbieren, entstielen, entkernen und die weißen Scheidewände entfernen. Schote abspülen, abtropfen lassen und mit einem Sparschäler die Haut fein abschälen.

3. Tomaten kreuzweise einschneiden und mit kochendem Wasser übergießen. Nach 1–2 Minuten herausnehmen und mit kaltem Wasser abschrecken. Tomaten enthäuten, halbieren und die Stängelansätze herausschneiden. Die Kerne entfernen.

4. Das Tomaten- und Paprikafruchtfleisch in grobe Stücke schneiden. Knoblauch abziehen und fein würfeln. Melonen-Fruchtfleisch (geschält und entkernt) in Stücke schneiden.

5. Tomaten-, Paprika- und Melonenstücke in einen hohen Topf geben und alles sehr fein pürieren, nach Belieben durch ein Sieb passieren. Nach und nach die Hirseflockenbrühe hinzugießen und mit dem Pürierstab untermixen. Gazpacho mit Essig, Salz, Pfeffer und Chili oder Cayennepfeffer würzen. Die Gazpacho zugedeckt mindestens 2 Stunden im Kühlschrank gut durchkühlen lassen.

6. Für die Nocken Minze abspülen, trocken tupfen und die Blättchen von den Stängeln zupfen. Minze und Tomaten fein schneiden. Frischkäse glatt rühren, Minze und Tomaten unterrühren, mit Pfeffer abschmecken. Gazpacho nach Belieben mit etwas eiskaltem Wasser oder Mineralwasser verlängern, nochmals abschmecken. Gazpacho in Schälchen verteilen. Von dem Frischkäse mit 2 Teelöffeln kleine Nocken abstechen und mit der Gazpacho servieren.

TIPPS:

T Bestreuen Sie die Frischkäsenocken mit einigen getrockneten Chiliflocken. Verwenden Sie reife, aromatische Zuckermelonen. Prüfen Sie beim Kauf Reife und Aroma. Duftet die Melone durch die Schale zart und süßlich und gibt der Stielansatz auf Druck leicht nach, ist die Melone reif für den Verzehr.

25 MINUTEN

Tortilla vegetariana

Zubereitungszeit: ⧗ 30 Minuten
⊕ Vegetarisch

ZUTATEN FÜR 4 PORTIONEN

FÜR DAS GEMÜSE-CHILI:

2	Knoblauchzehen
2	Zwiebeln
2	Stangen Staudensellerie (etwa 130 g)
1 EL	Olivenöl
1 TL	Tomatenmark
1	große, gelbe Paprikaschote (etwa 275 g)
400 g	stückige Tomaten (aus der Dose)
	Salz
	gem. Pfeffer
	Cayennepfeffer
250 g	abgetropfte Kidney-Bohnen (aus der Dose)
1	großes Bund Frühlingszwiebeln (etwa 220 g)
165 g	abgetropfter Gemüsemais (aus der Dose)

FÜR DEN DIP:

250 g	Joghurt (0,1 % Fett)
100 g	saure Sahne (10 % Fett)
1–2	Knoblauchzehen
je 1	Bund oder ½ Töpfchen Basilikum und frischer Koriander
8	Tortilla-Weizenfladen mit Maismehl (320 g, aus dem Brotregal)

PRO PORTION:

E: 19 g, F: 8 g, Kh: 70 g, kcal: 443

1. Für das Chili Knoblauch und Zwiebeln abziehen, in kleine Würfel schneiden. Sellerie putzen, abspülen, abtropfen lassen und in feine Scheiben schneiden. Olivenöl in einer Pfanne erhitzen. Knoblauch- und Zwiebelwürfel darin glasig dünsten. Selleriescheiben und Tomatenmark hinzugeben und unter Rühren kurz mit anbraten. Die stückigen Tomaten hinzufügen, mit Salz, Pfeffer und Cayennepfeffer würzen, aufkochen lassen.

2. Die Bohnen in einem Sieb abspülen, abtropfen lassen und unter das Tomatengemüse rühren. Die Zutaten bei starker Hitze unter Rühren sämig einkochen lassen.

3. In der Zwischenzeit Frühlingszwiebeln putzen, abspülen, abtropfen lassen und in feine Scheiben schneiden. Den Mais und die Frühlingszwiebelscheiben unter das Tomaten-Bohnen-Gemüse rühren und alles weitere etwa 5 Minuten kochen lassen.

4. In der Zwischenzeit für den Dip Joghurt mit saurer Sahne glatt rühren. Knoblauch abziehen, durch eine Knoblauchpresse drücken und unterrühren. Basilikum und Koriander abspülen, trocken tupfen und die Blättchen von den Stängeln zupfen. Blättchen klein schneiden und ebenfalls unterrühren.

5. Die Tortillafladen nach Packungsanleitung erwärmen. Die Gemüsemischung nochmals würzig abschmecken und portionsweise auf den Tortilla-Fladen verteilen. Die Fladen aufrollen und anrichten. Den Dip dazu servieren.

TIPP:

T Fixieren Sie die aufgerollten Tortillas mit gefaltetem Butterbrotpapier und garnieren Sie die Röllchen mit etwas Koriander.

Würzige Popovers mit Blue-Cheese-Dip und Salat

Zubereitungszeit: ⧗ 10 Minuten
Backzeit: etwa 20 Minuten

ZUTATEN FÜR 2 PORTIONEN

FÜR DIE POPOVERS:

2	Eier (Größe M)
200 ml	Milch (3,5 % Fett)
¼ TL	Salz
3 EL	Speiseöl
140 g	Weizenmehl

FÜR DEN DIP:

75 g	weicher, cremiger Edelpilzkäse (z. B. Gorgonzola, Bavaria Blue)
75 g	Schmand (Sauerrahm)
	gem. Pfeffer
2 EL	Schnittlauchröllchen (frisch oder TK)
120 g	gemischter Blattsalat (z. B. aus der Salattheke)
4–6 EL	fertiges Lieblings-Dressing

PRO PORTION:

E: 27 g, F: 53 g, Kh: 58 g, kcal: 826

1. Für die Popovers Eier und Milch in einen Mixer geben, kurz verquirlen. Mehl, 1 Esslöffel Öl und Salz zugeben. Alles bei maximaler Stufe etwa 30 Sekunden schaumig aufmixen. Kurz ruhen lassen.

2. Den Backofen vorheizen.
Ober-/Unterhitze: etwa 230 °C
Heißluft: etwa 210 °C

3. Sechs Popover-Förmchen oder ein Muffinblech auf das Backblech stellen. Jeweils etwa ½ Teelöffel Öl in die Förmchen bzw. 8–10 äußere Vertiefungen des Muffinblechs geben. Die Förmchen oder die Muffinform auf dem Rost in die untere Einschubleiste des vorgeheizten Backofens schieben und miterhitzen.

4. Die Förmchen bzw. Form herausnehmen. Popover-Teig rasch aus dem Mixbecher direkt in die Förmchen gießen. Dabei darauf achten, dass die Förmchen zu maximal ⅔ mit Teig gefüllt werden. Die Förmchen bzw. Form zurück in den heißen Backofen schieben (untere Einschubleiste). Popovers etwa 10 Minuten backen. Ofentür währenddessen nicht öffnen!

5. Inzwischen für den Dip den Käse in Stücke schneiden, mit Schmand auf einen Teller geben und mit einer Gabel fein zerkleinern und mischen. Mit etwas Pfeffer würzen. Schnittlauch darüberstreuen.

6. Salat verlesen, gründlich kalt waschen und abtropfen lassen oder trocken schleudern. Salat in eine Schüssel geben, Dressing darüberträufeln.

7. Die Backofentemperatur dann auf
Ober-/Unterhitze: etwa 190 °C
Heißluft: etwa 170 °C
herunterschalten. Popovers in etwa 10 Minuten goldbraun fertig backen.

8. Herausnehmen, vorsichtig aus den Förmchen lösen. Salat und Dip auf Teller verteilen, Popovers dazu servieren.

Piadine mit Pute al tonno

Zubereitungszeit: ⧗ 20 Minuten

ZUTATEN FÜR 2 PORTIONEN

1	hart gekochtes Ei
1 EL	abgetropfte Kapern (aus dem Glas)
1	kleine Fleischtomate
ca. 50 g	abgetropftes Tunfischfilet in Sonnenblumenöl (1 kleine Dose)
1 EL	Zitronensaft (z. B. aus dem Fläschchen)
3 EL	fertige Instant-Gemüsebrühe
1 TL	TK-Knoblauch-Mix
2 EL	Salatmayonnaise
	Salz
	gem. Pfeffer
2–4	dünne, ovale oder runde Teigfladen (Piadine oder Dönertaschen, z. B. aus dem Brotregal; je 75 g)
120 g	geräucherter Putenbrust-Aufschnitt
75 g	gemischter Blattsalat (z. B. aus der Salatbar)

PRO PORTION:

E: 31 g, F: 32 g, Kh: 46 g, kcal: 598

1. Ei pellen und in Scheiben schneiden. Kapern grob hacken. Tomate abspülen, abtrocknen, halbieren und den Stängelansatz herausschneiden. Tomate würfeln, abtropfen lassen.

2. Tunfisch zerzupfen und in einen hohen Mixbecher geben. Mit Zitronensaft, Brühe, Knoblauch-Mix und Kapern pürieren. Mayonnaise zugeben, nochmals kurz pürieren, mit Salz und Pfeffer abschmecken.

3. Teigfladen oder -taschen im Toaster etwa 2 Minuten knusprig rösten. Fladen oder Taschen evtl. waagerecht aufschneiden, bzw. an der dafür vorgesehenen Schnittstelle öffnen. Die Tunfischsauce dünn in die Fladen streichen. Putenbrust-Aufschnitt hineinlegen. Tomatenwürfel, Eischeiben und Salat ebenfalls in die Täschchen geben und servieren.

TIPPS:

T Aus der Packung evtl. noch übrig gebliebene Piadine/Pide-Brottaschen lassen sich problemlos portionsweise einfrieren und dann im Toaster (zunächst Auftaustufe, dann kurz Röststufe) aufbacken.

Sie erwarten abends Gäste auf einen kleinen After-Work-Drink? Dann reichen Sie dazu diesen leckeren Snack. Eier und Sauce können Sie problemlos bereits am Tag vorher zubereiten. Mit Tomaten und Salat aus der Salatbar haben Sie keine Arbeit und die Piadine/Pide sind dann rasch damit gefüllt. Sie lassen sich praktisch in Servietten angerichtet auf einer kleinen Stehparty servieren.

Darf es mal was Besonderes sein?

SCHNELLE GENUSS-HIGHLIGHTS

Lachsküchlein mit Limetten-Mayonnaise

Zubereitungszeit: ⧗ 20 Minuten, ohne Quellzeit
Bratzeit: ⧗ etwa 2 Minuten

ZUTATEN FÜR 3 PORTIONEN

300 g	frisches Lachsfilet ohne Haut
2 EL	Schlagsahne
1	Ei (Größe M)
35 g	Semmelbrösel
	Salz
	gem. Pfeffer
1–2 EL	TK-Dill
1	Bio-Limette (unbehandelt, ungewachst)
70 g	Salatmayonnaise
1 EL	Joghurt (3,5 % Fett)
100 g	Rucola (Rauke)
2	Tomaten
4–6 EL	Balsamico-Dressing (Flasche)
1 TL	Sonnenblumenöl
1	kleines Weizenbaguette

PRO PORTION:

E: 30 g, F: 46 g, Kh: 38 g, kcal: 692

1. Lachsfilet mit Küchenpapier abtupfen, in feine Würfel schneiden oder mit einem schweren, scharfen Messer zunächst in Streifen schneiden, dann sehr fein hacken. Mit Sahne, Ei und Semmelbröseln gründlich vermischen. Etwas Salz, Pfeffer und Dill untermischen, kurz quellen lassen.

2. Inzwischen Limette heiß abwaschen, abtrocknen und die Schale fein abreiben. Limette halbieren und den Saft auspressen. Mayonnaise und Joghurt verrühren. Mit Salz, Pfeffer, Limettenschale und ½ Teelöffel Saft abschmecken.

3. Rucola verlesen und dicke Stängel abschneiden. Rucola abspülen, gut abtropfen lassen oder trocken schleudern und evtl. etwas kleiner zupfen. Tomaten abspülen, abtrocknen, halbieren und die Stängelansätze herausschneiden. Tomaten würfeln. Mit Dressing und Rucola mischen.

4. Öl in einer beschichteten Pfanne erhitzen. Aus der Lachsmasse mit einem Esslöffel Häufchen ins heiße Öl geben, etwas flach drücken. Im heißen Öl bei mittlerer Hitze je Seite etwa 2 Minuten knusprig braten.

5. Salat, Lachsküchlein und Limetten-Mayonnaise anrichten. Dazu schmeckt knuspriges Baguette.

SPEED-TIPP:

Sie haben einen Blitzhacker? Perfekt, dann können Sie das gut gekühlte Lachsfilet in grobe Würfel schneiden, dann im Blitzhacker mit Pulse-/Intervall-Funktion fein zerkleinern. Achtung, nur kurz mixen, sonst wird die Masse zu weich!

Lachs- und Garnelen-Sesam-Dippers

Zubereitungszeit: ⧗ 15 Minuten

ZUTATEN FÜR 3 PORTIONEN

250 g	frisches Lachsfilet ohne Haut
	Salz
	gem. Pfeffer
6–8	rohe, geschälte Riesengarnelen (z. B. aus der Feinkost-Frischetheke)
3–4 EL	Sesamsamen
¼ TL	geschrotete Chilischoten
1 TL	Speiseöl zum Braten
150 g	fertig gekaufte Blattsalat-Mischung (aus der Salat-Theke oder Frischebeutel/Kühlregal)
3 EL	Zitronensaft (z. B. aus dem Fläschchen)
1 Prise	Zucker
3 EL	Olivenöl
1	kleine Knoblauchzehe
1	kleine, reife Avocado
50 g	Joghurt (höchstens 1,5 % Fett)
1	kleine Fleischtomate
250 g	Baguette

PRO PORTION:

E: 41 g, F: 42 g, Kh: 23 g, kcal: 746

1. Lachsfilet mit Küchenpapier abtupfen und in mundgerechte Stücke schneiden. Mit etwas Salz und Pfeffer würzen. Garnelen kalt abspülen und trocken tupfen, evtl. entdarmen. Sesam und Chili auf einem Teller mischen. Fischstücke und Garnelen darin wenden.

2. Öl in einer beschichteten Pfanne erhitzen. Lachsstücke und Garnelen darin unter Wenden 1–2 Minuten knusprig braten.

3. Inzwischen Salat gründlich waschen, trocken schleudern und auf 3 Teller verteilen. 2 Esslöffel Zitronensaft, Salz, Pfeffer und Zucker verquirlen Öl unterschlagen. Den Salat damit beträufeln.

4. Knoblauch abziehen und grob hacken. Avocado halbieren, entsteinen. Das Fruchtfleisch aus den Schalen lösen, mit dem Knoblauch pürieren. Joghurt unterrühren. Mit Salz, Pfeffer und restlichem Zitronensaft abschmecken.

5. Tomate abspülen, abtrocknen, halbieren und den Stängelansatz herausschneiden, das Fruchtfleisch würfeln. Lachs, Garnelen und Tomatenwürfel auf dem Salat anrichten. Avocado-Dip und Baguette dazureichen.

SPEED-TIPP:

Wer sein Lieblings-Salat-Dressing aus der Flasche auf Vorrat im Kühlschrank hat, kann sich hier das Anrühren des Dressings sparen.

Lachsragout

Zubereitungszeit: ⧗ 10 Minuten

ZUTATEN FÜR 4 PORTIONEN

500 g	Lachsfilets ohne Haut (frisch oder TK)
2 EL	Zitronensaft
3	Frühlingszwiebeln
175 g	kleine rosé Champignons
1 EL	Butter oder Margarine
	Salz
	gem. Pfeffer
150 g	stückige Tomaten (aus der Dose)
½ TL	Zucker oder flüssiger Honig
150 g	Crème lègére

PRO PORTION:

E: 29 g, F: 24 g Kh: 6 g, kcal: 356

1. Lachsfilets (TK-Lachsfilets vorher auftauen lassen) mit Küchenpapier abtupfen und in etwa 3 cm große Würfel schneiden. Lachswürfel mit Zitronensaft beträufeln.

2. Frühlingszwiebeln putzen, abspülen, abtropfen lassen und in feine Scheiben schneiden. Champignons putzen, mit Küchenpapier abreiben, evtl. kurz abspülen und trocken tupfen. Champignons je nach Größe halbieren oder vierteln.

3. Butter oder Margarine in einer Pfanne zerlassen. Die Lachswürfel mit Küchenpapier trocken tupfen und im heißen Fett kurz von allen Seiten knusprig anbraten. Lachswürfel mit Salz und Pfeffer würzen und aus der Pfanne nehmen.

4. Frühlingszwiebelscheiben und Champignons in dem verbliebenen Bratfett etwa 4 Minuten unter Wenden andünsten. Tomatenstücke unterrühren. Mit Salz, Pfeffer und Zucker oder Honig würzen. Die Sauce zum Kochen bringen und etwa 5 Minuten bei mittlerer Hitze einkochen lassen.

5. Crème lègére unter die Sauce rühren. Die Sauce nochmals mit Salz und Pfeffer abschmecken. Lachswürfel in die Sauce geben und 3–5 Minuten darin erhitzen.

TIPP:

Das Lachsragout passt perfekt zu Bandnudeln, z. B. Tagliatelle. Garnieren Sie das Ragout mit einigen abgespülten, trocken getupften Basilikumblättchen.

VARIANTE:

Statt Fischfilet können Sie klein geschnittene Puten- oder Hähnchenbrust auf die gleiche Weise zubereiten.

Wasabi-Seelachs mit Gurken-Sprossen-Salat

Zubereitungszeit: ⧗ 30 Minuten, ohne Durchziehzeit

ZUTATEN FÜR 3 PORTIONEN

FÜR DEN GURKEN-SPROSSEN-SALAT:

3 EL	Zitronen- oder Limettensaft
etwa 3 TL	Sojasauce
	Zucker
	Salz
	gem. Pfeffer
1–2	Salatgurken (etwa 600 g)
1–2	säuerliche Äpfel (etwa 300 g)
150 g	Mungobohnen-Keimlinge (frisch oder abgetropft aus dem Glas)

FÜR DEN WASABI-SEELACHS:

60 g	Wasabi-Erdnusskerne (aus Dose oder Beutel)
375 g	mageres Fischfilet, z. B. Seelachs oder Kabeljau (frisch oder TK)
3 TL	Sonnenblumenöl

evtl. einige Stängel frischer Koriander

PRO PORTION:

E: 30 g, F: 12 g, Kh: 25 g, kcal: 333

1. Für den Salat den Zitronen- oder Limettensaft mit Sojasauce, Zucker, Salz und Pfeffer in einer Schüssel verrühren.

2. Die Salatgurken schälen, abspülen, trocken tupfen und die Enden abschneiden. Die Salatgurken fein hobeln. Äpfel schälen, halbieren, entkernen, in Spalten schneiden und ebenfalls fein hobeln. Die Gurken- und Apfelraspel unter das Dressing rühren und den Salat etwas durchziehen lassen.

3. In der Zwischenzeit frische Mungobohnen-Keimlinge verlesen, in ein Sieb geben, mit kaltem Wasser abspülen und gut abtropfen lassen.

4. Für den Seelachs Wasabi-Erdnusskerne sehr fein hacken. Fischfilet (TK-Fischfilet vorher auftauen) mit Küchenpapier abtupfen und in 3 gleich große Stücke teilen, mit Salz würzen. Fischfiletstücke in den gehackten Nusskernen wenden und diese gut andrücken.

5. Sonnenblumenöl in einer beschichteten Pfanne erhitzen. Fischfiletstücke darin unter vorsichtigem Wenden bei schwacher Hitze in etwa 6 Minuten goldbraun braten (Achtung: Die Panade wird schnell dunkel, das Fett nicht zu stark erhitzen!). Die Fischfiletstücke aus der Pfanne nehmen, auf einen vorgewärmten Teller geben und zugedeckt kurz warm stellen.

6. Die Mungobohnen-Keimlinge im verbliebenen Bratfett unter Rühren kurz knackig anbraten.

7. Koriander abspülen, trocken tupfen und die Blättchen von den Stängeln zupfen. Die Blättchen grob zerschneiden. Die Korianderblättchen mit dem Gurken-Sprossen-Salat und den Keimlingen vermischen. Den Salat nochmals mit den Gewürzen abschmecken.

8. Wasabi-Seelachs mit dem Salat auf Tellern anrichten und servieren.

Bunte Paprikaspieße mit Couscous

Zubereitungszeit: 25 Minuten
Garzeit: etwa 15 Minuten
Vegan - laktosefrei

ZUTATEN FÜR 4 PORTIONEN

FÜR DIE PAPRIKASPIESSE:

4	Paprikaschoten (rot, gelb und grün gemischt)
2	rote Zwiebeln

FÜR DAS COUSCOUS-GEMÜSE:

120 g	Instant-Couscous
	Wasser
2	Tomaten
4	Frühlingszwiebeln
4 Stängel	Minze
1	Bio-Limette (unbehandelt, ungewachst)
	Salz
	gem. Pfeffer
5 EL	Olivenöl
4 Stängel	Koriander

ZUSÄTZLICH:

8	Holzspieße

PRO PORTION:

E: 7 g, F: 11 g, Kh: 36 g, kcal: 270

1. Für die Spieße die Paprikaschoten halbieren, entstielen, entkernen und die weißen Scheidewände entfernen. Die Schoten abspülen, abtropfen lassen und in gleich große Stücke schneiden. Zwiebeln abziehen, vierteln und etwa in Größe der Paprikastücke schneiden. Die Paprika- und Zwiebelstücke abwechselnd auf 8 Holzspieße stecken.

2. Den Backofen vorheizen.
Ober-/Unterhitze: etwa 180 °C
Heißluft: etwa 160 °C

3. Für das Couscous-Gemüse Couscous mit Wasser nach Packungsanleitung zubereiten. Tomaten abspülen, abtrocknen, halbieren und die Stängelansätze herausschneiden. Tomaten klein würfeln. Frühlingszwiebeln putzen, abspülen, abtropfen lassen und in feine Scheiben schneiden. Minze abspülen, trocken tupfen und die Blättchen von den Stängeln zupfen. Blättchen in feine Streifen schneiden.

4. Die Limette heiß abwaschen, abtrocknen und die Schale fein abreiben. Limette halbieren und den Saft auspressen.

5. Das vorbereitete Gemüse mit dem Couscous vermischen. Couscous mit Limettensaft, -schale, Salz und Pfeffer würzen. 3 Esslöffel Olivenöl und die Minzestreifen unterheben.

6. Das restliche Olivenöl in einer backofenfesten Pfanne erhitzen. Die Paprikaspieße darin von allen Seiten anbraten, mit Salz und Pfeffer würzen. Die Pfanne auf dem Rost in den vorgeheizten Backofen schieben. Die Spieße **etwa 15 Minuten garen.**

7. Koriander abspülen, trocken tupfen und die Blättchen von den Stängeln zupfen. Die Paprikaspieße mit dem Couscous anrichten und mit Korianderblättchen garnieren.

TIPPS:

T Instant-Couscous hat den Vorteil, dass er nur noch in heißem Salzwasser oder in Gemüsebrühe ausquellen muss. Couscous gibt es aus Weizengrieß, er wird aber auch aus Hirse- und Gerstengrieß hergestellt.

Schinken-Fisch-Päckchen

Zubereitungszeit: ⧗ 30 Minuten

ZUTATEN FÜR 3 PORTIONEN

1 ½ l	Wasser
1 ½ gestr. TL	Salz
150 g	Tagliatelle (Bandnudeln)
450 g	mageres, festes Fischfilet, z. B. Pangasius, Kabeljau (frisch oder TK)
1 Bund	frische Kräuter, z. B. Salbei, Dill, Basilikum oder 3 TL TK-Kräuter
90 g	Rucola (Rauke)
	Salz, gem. Pfeffer
3	große oder 6 längliche schmale Scheiben hauchdünn geschnittener roher Schinken (etwa 60 g), z. B. Schwarzwälder oder Pfefferschinken
1 ½ TL	Butter
3 EL	Limettensaft
225 ml	Gemüsebrühe
	Zucker

PRO PORTION:

E: 36 g, F: 9 g, Kh: 39 g, kcal: 386

1. Wasser in einem Topf zugedeckt zum Kochen bringen. Dann Salz und Nudeln hinzugeben. Die Nudeln im geöffneten Topf bei mittlerer Hitze nach Packungsanleitung bissfest kochen, dabei gelegentlich umrühren.

2. In der Zwischenzeit Fischfilet mit Küchenpapier abtupfen und evtl. noch vorhandene Gräten sorgfältig entfernen. Das Fischfilet in 3 gleich große Stücke schneiden.

3. Kräuter abspülen, trocken tupfen und die Blättchen oder Spitzen von den Stängeln zupfen.

4. Rucola putzen und dicke Stiele entfernen. Rucola abspülen, gut abtropfen lassen oder trocken schleudern und evtl. etwas kleiner zupfen.

5. Fischfiletstücke mit etwas Salz und Pfeffer würzen, die Kräuterblättchen bzw. -spitzen darauflegen. Die Fischfiletstücke mit den Schinkenscheiben sorgfältig umwickeln.

6. Butter in einer Pfanne zerlassen. Die Fisch-Päckchen darin unter vorsichtigem Wenden von beiden Seiten zartbraun braten, herausnehmen und zugedeckt auf einem vorgewärmten Teller warm halten. Das verbliebene Bratfett mit Limettensaft und Brühe ablöschen, zum Kochen bringen und bei starker Hitze etwa um die Hälfte einkochen lassen. Die Sauce mit Salz, Pfeffer und Zucker abschmecken.

7. Zwischenzeitlich die gegarten Nudeln in ein Sieb geben und abtropfen lassen.

8. Die Nudeln zu der Sauce in die Pfanne geben und vermischen, dann Rucola hinzugeben und alles gut durchschwenken. Rucola-Nudeln mit Salz und Pfeffer würzen. Evtl. ausgetretenen Bratensaft von den Fischpäckchen hinzugießen. Die Schinken-Fisch-Päckchen mit Rucola-Pasta anrichten.

Garnelen-Sesam-Salaträllchen

Zubereitungszeit: ⧗ 30 Minuten, ohne Auftauzeit

ZUTATEN FÜR 3 PORTIONEN

200 g	TK-Garnelen (ohne Kopf und Schale, je etwa 20 g)
	Salz
1 EL	Speiseöl
1 EL	Sesamsamen, geschält
30 g	Rucola (Rauke)
1	reife Avocado (etwa 225 g)
1 ½ EL	Zitronensaft
2 Stängel	Koriander
4	runde Reispapierblätter (Ø 20–22 cm)

PRO PORTION:

E: 16 g, F: 20 g, Kh: 10 g, kcal: 282

1. Die Garnelen zugedeckt im Kühlschrank auftauen lassen.

2. Von den Garnelen den Darm entfernen, anschließend die Garnelen unter fließendem kalten Wasser abspülen und mit Küchenpapier trocken tupfen. Die Garnelen mit Salz würzen.

3. Das Speiseöl in einer Pfanne erhitzen. Die Garnelen darin portionsweise bei mittlerer Hitze von jeder Seite etwa 2 Minuten braten. Anschließend aus der Pfanne nehmen und erkalten lassen.

4. Den Sesam in einer Pfanne ohne Fett unter Rühren goldbraun rösten und auf einen Teller geben. Rucola verlesen und die dicken Stängel abschneiden. Rucola abspülen, gut abtropfen lassen und evtl. etwas kleiner zupfen.

5. Avocado halbieren und den Stein entfernen. Das Avocadofleisch mit einem Esslöffel herauslösen. Avocadofleisch mit Zitronensaft und Salz mischen und mit einer Gabel grob zerdrücken.

6. Die Garnelen in etwa 2 cm große Stücke schneiden. Koriander abspülen, trocken tupfen und die Blättchen von den Stängeln zupfen. Etwa 6 Blättchen zum Garnieren beiseitelegen. Die restlichen Blättchen grob zerschneiden. Die Garnelenstücke und die klein geschnittenen Korianderblättchen unter die Avocadocreme rühren.

7. Das Reispapier nacheinander jeweils etwa 1 Minute in lauwarmem Wasser einweichen, dann abtropfen lassen. Jeweils 2 Reispapierblätter übereinanderlegen und jeweils zuerst 1 Teelöffel Sesam und die Hälfte der Rucolablätter darauf verteilen.

8. Auf das untere Drittel des Reispapiers die Hälfte der Avocado-Garnelen-Creme geben und leicht gehäuft verteilen. Das Reispapier stramm aufrollen. Auf diese Weise insgesamt 2 Reispapierrollen herstellen.

9. Kurz vor dem Servieren die Enden der Rollen mit einem scharfen Messer abschneiden. Jede Reispapierrolle in 3 gleich große Stücke schneiden und mit dem restlichen Sesam und Koriander bestreuen.

Filetschnitzel in Orangenrahm

Zubereitungszeit: ⧗ 25 Minuten

ZUTATEN FÜR 2 PORTIONEN

4–6	kleine Minuten-Schnitzel (z. B. Puten- oder Hähnchenfilet oder Minutenschnitzel vom Schweinefilet)
	Salz
	gem. Pfeffer
2–3 EL	Speiseöl oder Butterschmalz
1	große Zwiebel
1 TL	flüssiger Honig
250 ml	Orangensaft (frisch gepresst oder frischer Direktsaft aus dem Kühlregal)
125 ml	Instant-Gemüsebrühe
150 g	Schlagsahne
1–2 EL	heller Soßenbinder
600 g	frische Schupfnudeln (Frischepack)
2–3	Stiele frischer Salbei

PRO PORTION:

E: 45 g, F: 41 g, Kh: 54 g, kcal: 759

1. Fleisch mit Küchenpapier abtupfen und mit Salz und Pfeffer würzen.

2. Einen Esslöffel Öl oder Butterschmalz in einer beschichteten Pfanne erhitzen. Schnitzel darin von beiden Seiten kurz kräftig anbraten. Fleisch auf einem Teller kurz warm halten.

3. Inzwischen die Zwiebel abziehen, zuerst in feine Scheiben schneiden, dann in feine Ringe teilen. Zwiebelringe im verbliebenen Bratfett anbraten. Honig darüberträufeln, kurz karamellisieren lassen. Mit Orangensaft und Brühe ablöschen, kurz einkochen lassen. Sahne hinzugießen, aufkochen lassen und mit Salz und Pfeffer würzen. Soßenbinder unter Rühren einstreuen, nochmals kurz köcheln lassen. Fleisch wieder einlegen, Pfanne von der Kochstelle nehmen und Filetschnitzel warm halten.

4. Inzwischen restliches Öl oder Butterschmalz in einer weiteren beschichteten Pfanne erhitzen, Schupfnudeln darin unter Wenden nach Packungsanleitung knusprig braten. Salbei abspülen, trocken schütteln und in feine Streifen schneiden. Salbei unter die Schupfnudeln mischen, kurz mitbraten.

5. Schupfnudeln, Schnitzel und Sauce anrichten.

EXTRA-TIPP:

T Sorgt für einen extra Frische-Kick: Frische, ausgelöste Orangenfilets unter die Sauce mischen.
Evtl. zusätzlich frischen Salatmix aus der Salatbar oder dem Frischebeutel dazu servieren.

DESSERT-TIPP: DATTELN IN HEISSEM MARSALASIRUP

T **350 ml Marsala** (ital. Dessertwein; ersatzweise roter Portwein/trockener Sherry oder eine Mischung aus Mandel-Aromasirup und Apfelsaft) mit **1 Stange Zimt** und nach Belieben 1 Esslöffel Ingwersirup erhitzen. **400 g entsteinte Datteln** zugeben, etwas ziehen lassen. Datteln mit **200 g Vanilleeis** und nach Belieben **gerösteten Pinienkernen** anrichten.

PRO PORTION:

E: 4 g, F: 6 g, Kh: 78 g, kcal: 507
Zubereitungszeit: ⧗ 15 Minuten
Gut vorzubereiten / mit Alkohol
4 Portionen

Kräuter-Maultaschen

Zubereitungszeit: 30 Minuten, ohne Ruhezeit
Vegetarisch

ZUTATEN FÜR 4 PORTIONEN

FÜR DEN TEIG:

300 g	Weizenmehl
3	Eier (Größe M)
1 EL	Speiseöl, z. B. Sonnenblumenöl
½ gestr. TL	Salz
evtl.	etwas Wasser

FÜR DIE FÜLLUNG:

2 Bund	Petersilie
1 Bund	Schnittlauch
1	Ei (Größe M)
50 g	Semmelbrösel
	Salz
	ger. Muskatnuss
1	Eiweiß zum Bestreichen

FÜR DAS GEMÜSE:

500 g	Wirsing
400 g	Möhren
300 g	weiße Rüben
400 g	Steckrüben
2 EL	Olivenöl
500 ml	Gemüsebrühe
	gem. Pfeffer
etwa 2 l	Gemüsebrühe
2–3 EL	Schnittlauchröllchen

PRO PORTION:

E: 23 g, F: 15 g, Kh: 85 g, kcal: 568

1. Für den Teig Mehl, Eier, Speiseöl und Salz mit einem Mixer (Knethaken) zunächst kurz auf niedrigster, dann auf höchster Stufe in etwa 3 Minuten zu einem glatten Teig verarbeiten, evtl. noch etwas Wasser hinzugeben. Den Teig zugedeckt etwa 40 Minuten ruhen lassen.

2. Für die Füllung Petersilie und Schnittlauch abspülen und trocken tupfen. Die Petersilienblättchen von den Stängeln zupfen, mit dem Schnittlauch klein schneiden. Die Kräuter mit Ei und Semmelbröseln vermischen, mit Salz und Muskat würzen.

3. Den Teig auf der leicht bemehlten Arbeitsfläche dünn zu einem Rechteck (etwa 40 x 60 cm) ausrollen, dann Quadrate (je 10 x 10 cm) ausrädern. Etwas von der Füllung auf jedes Teigquadrat geben. Das Eiweiß verschlagen. Die Teigränder damit bestreichen. Teigquadrate zu Dreiecken übereinanderklappen, die Ränder andrücken.

4. Für das Gemüse von dem Wirsing die groben äußeren Blätter entfernen. Wirsing vierteln, abspülen, abtropfen lassen und den Strunk herausschneiden. Kohl in feine Streifen schneiden. Möhren und Rüben putzen, schälen, abspülen, abtropfen lassen und in Würfel schneiden.

5. Olivenöl in einem Bratentopf erhitzen. Wirsingstreifen, Möhren- und Rübenwürfel darin unter Rühren anbraten, 500 ml Brühe hinzugießen. Gemüse mit Salz und Pfeffer würzen, etwa 20 Minuten schmoren, dabei gelegentlich umrühren.

6. In der Zwischenzeit 2 Liter Brühe in einem Topf erhitzen. Die Maultaschen darin portionsweise ohne Deckel bei mittlerer Hitze in etwa 5 Minuten gar ziehen lassen. Mit einer Schaumkelle aus der Brühe nehmen und warm stellen. Gemüse und Maultaschen mit Schnittlauchröllchen bestreut servieren.

SPEED-TIPP:

Schneller geht die Zubereitung der Kräutermaultaschen, wenn Sie fertigen Nudelteig (aus- und aufgerollt aus dem Kühlregal oder TK-Nudelteig, nach Packungsanleitung aufgetaut) verwenden.

Hähnchenbrust auf normannische Art

Zubereitungszeit: ⧗ 20 Minuten

ZUTATEN FÜR 4 PORTIONEN

1	großes Bund Frühlingszwiebeln
1 EL	Butter oder Speiseöl
1	großer säuerlicher Apfel (etwa 300 g)
250 ml	Instant-Gemüsebrühe
100 ml	milder, ungesüßter Apfelsaft
2–3 TL	körniger Senf
1 ½ TL	gerebelter Thymian
1 Prise	Zucker
150 g	Crème fraîche
600 g	fertig gebratene, gewürzte Hähnchenbrust-Filetstücke (natur; Kühltheke)
	Salz
	gem. Pfeffer
evtl.	etwas heller Soßenbinder
1–2	ofenfrische Baguettestangen; alternativ 400 g frische Bandnudeln

PRO PORTION:

E: 46 g, F: 18 g, Kh: 62 g, kcal: 610

1. Frühlingszwiebeln putzen, abspülen, abtropfen lassen und schräg in Stücke schneiden.

2. Butter oder Öl in einer Pfanne erhitzen. Die Frühlingszwiebelstücke darin unter Wenden anbraten.

3. Inzwischen den Apfel abspülen, abtrocknen, halbieren, entstielen und entkernen. Apfel in Spalten schneiden. Apfelspalten in die Pfanne geben und kurz mit anbraten.

4. Brühe, Apfelsaft, Senf, Thymian und Zucker verquirlen, zugeben. Alles offen bei starker Hitze etwa 1 Minute einkochen lassen, dabei durchschwenken. Crème fraîche und Fleisch untermischen, etwa ½ Minute erhitzen. Mit Salz und Pfeffer abschmecken. Nach Belieben mit etwas hellem Soßenbinder binden.

5. Dazu knuspriges Baguette oder frisch gekochte Bandnudeln servieren.

EXTRA-TIPP:

T Das Gericht lässt sich bereits am Vortag zubereiten und schmeckt auch kurz portionsweise in der Mikrowelle oder Pfanne erhitzt sehr lecker.

DESSERT-TIPP: WEINTRAUBEN-TRIFLE

T **300 g kernlose Weintrauben (z. B. blau und grün)** abspülen, abtropfen lassen und entstielen. Trauben nach Belieben halbieren und mit **2 Esslöffeln Mandellikör** mischen. **200 g Soja-Joghurtalternative, 1 Päckchen Vanille-Zucker** und **1 Esslöffel Zitronensaft** verrühren. **200 g sehr gut gekühlte Pflanzencreme (zum Aufschlagen)** steif schlagen, dabei **1 Päckchen Sahnesteif** mit einstreuen. Unter die Creme heben. **80 g vegane Schoko-Orangen-Dinkelkekse (z. B. aus dem Naturkostladen)** in grobe Stücke hacken. Keksbrösel, Weintrauben und Creme in 4 Dessertgläser schichten.

PRO PORTION:

E: 5 g, F: 13 g, Kh: 30 g, kcal: 274
Zubereitungszeit: ⧗ 15 Minuten
⊕ Vegan - laktosefrei
4 Portionen

BISTR
DU MARIN
1921

Filetsteak mit Balsamico-Linsen und Mango-Tatar

Zubereitungszeit: ⧗ 25 Minuten

ZUTATEN FÜR 2 PORTIONEN

2	kleine Stangen Lauch (etwa 250 g)
1 TL	Olivenöl
2 EL	TK-Zwiebelwürfel
100 g	rote Linsen
etwa 360 ml	Gemüsebrühe
	Salz
	gem. Pfeffer
160 g	frisches Mango-Fruchtfleisch (vorbereitet gewogen)
evtl.	getrocknete Chiliflocken
2	Rinderfilet-Steaks (je etwa 100 g)
2 TL	Speiseöl
3–4 TL	Balsamico-Creme

PRO PORTION:

E: 37 g, F: 9 g, Kh: 42 g, kcal: 396

1. Lauch putzen, die Stangen längs halbieren, gründlich waschen, abtropfen lassen und in feine Streifen schneiden.

2. Olivenöl in einem Topf erhitzen. Zwiebelwürfel darin andünsten. Linsen und Lauchstreifen hinzugeben, kurz unter Rühren mitdünsten lassen. Die Brühe hinzugießen, mit Salz und Pfeffer würzen. Die Zutaten zum Kochen bringen. Die Linsen zugedeckt 8–10 Minuten bei schwacher Hitze unter gelegentlichem Rühren garen.

3. In der Zwischenzeit Mango-Fruchtfleisch in kleine Würfel schneiden und nach Belieben mit etwas Chili würzen.

4. Rinderfilet-Steaks mit Küchenpapier abtupfen. Speiseöl in einer beschichteten Pfanne erhitzen. Die Steaks darin von jeder Seite etwa 2 Minuten anbraten, mit Salz und Pfeffer würzen. Steaks weitere 2–3 Minuten bei mittlerer Hitze unter Wenden braten. Die Steaks aus der Pfanne nehmen und auf eine vorgewärmte Platte legen.

5. Die Linsen mit Salz, Pfeffer und etwas Balsamico-Creme abschmecken. Die Filetsteaks mit dem Mango-Tatar und den Linsen anrichten.

6. Die Steaks nach Belieben mit etwas Balsamico-Creme beträufeln.

TIPP:

T Knuspriges Baguette zu dem Filetsteak servieren.

Putenfilet mit kalifornischer Salsa

Zubereitungszeit: ⧗ 20 Minuten

ZUTATEN FÜR 2 PORTIONEN

2	Putenschnitzel (etwa 300 g)
	Salz
	gem. Pfeffer
2	kleine Orangen (etwa 200 g)
4	Tomaten (etwa 350 g)
½	Avocado (etwa 150 g)
2 EL	klein geschnittenes Basilikum (frisch oder TK)
2 Prisen	getrocknete Chiliflocken

PRO PORTION:

E: 40 g, F: 12 g, Kh: 16 g, kcal: 334

1. Putenschnitzel mit Küchenpapier abtupfen und evtl. gleichmäßig etwas flacher klopfen. Die Schnitzel in einer beschichteten Pfanne ohne Fett bei mittlerer Hitze etwa 5 Minuten unter Wenden braten, mit Salz und Pfeffer würzen.

2. In der Zwischenzeit die Orangen so schälen, dass die weiße Haut vollständig mitentfernt wird. Die Filets zwischen den Trennhäuten herausschneiden und den Saft dabei auffangen. Aus den Trennhäuten zusätzlich den Saft ausdrücken. Die Orangenfilets in kleine Würfel schneiden. Tomaten abspülen, abtrocknen, halbieren und die Stängelansätze herausschneiden. Tomaten ebenfalls klein würfeln.

3. Avocadohälfte schälen und in feine Spalten schneiden. Orangen-, Tomatenwürfel und Basilikum vermischen. Aufgefangenen Orangensaft, etwas Salz und Chiliflocken untermischen, abschmecken.

4. Die Putenschnitzel mit der Zitrusfrucht-Salsa und den Avocadospalten anrichten.

TIPPS:

T Zu dem Gericht passt für hungrige Familienmitglieder oder Gäste eine Wildreis-Langkorn-Mischung.

VARIANTEN:

V Die Orangen können auch durch Aprikosen, Pfirsiche oder Melone ausgetauscht werden.
Das Gericht schmeckt ebenso gut mit Schweineschnitzeln.

Zwiebeltarte mit Feigen

Zubereitungszeit: ⧗ 30 Minuten, ohne Abkühlzeit
Garzeit: ⧗ etwa 20 Minuten
Backzeit: ⧗ etwa 30 Minuten
⊕ Vegetarisch

ZUTATEN FÜR 4 PORTIONEN

FÜR DEN BELAG:

600 g	rote Zwiebeln
3 Stängel	Rosmarin
8 Stängel	Thymian
2 EL	Olivenöl
500 ml	roter Traubensaft
	Salz
	gem. Pfeffer
300 g	frischer Quiche- und Tarteteig
1 EL	Semmelbrösel
8	reife Feigen (etwa 500 g)
150 g	Schafskäse
2 EL	Weizenmehl
50 g	grob gehackte Walnusskerne

PRO PORTION:

E: 20 g, F: 36 g, Kh: 82 g, kcal: 732

1. Für den Belag Zwiebeln abziehen und in Spalten schneiden. Rosmarin und Thymian abspülen, trocken tupfen und die Blättchen bzw. Nadeln von den Stängeln zupfen. Einige Thymianblättchen und Rosmarinnadeln zum Garnieren beiseitelegen.

2. Olivenöl in einem breiten Topf erhitzen. Zwiebelspalten, Thymian und Rosmarin darin kurz andünsten. Die Hälfte des Saftes hinzugießen, zum Kochen bringen. Die Zwiebelspalten zugedeckt etwa 20 Minuten bei mittlerer Hitze garen, mit Salz und Pfeffer würzen. Dann in einem Sieb abtropfen lassen, dabei den Sud auffangen. Die Zwiebelspalten etwas abkühlen lassen.

3. Den Backofen vorheizen.
Ober-/Unterhitze: etwa 200 °C
Heißluft: etwa 180 °C

4. Den Teig auf der leicht bemehlten Arbeitsfläche zu einer runden Platte (Ø etwa 32 cm) ausrollen und in eine Tarteform (Ø 28 cm, gefettet, mit Semmelbröseln ausgestreut) legen. Den Rand dabei andrücken. Den Teigboden mehrmals mit einer Gabel einstechen.

5. Die Feigen abspülen, abtrocknen und evtl. die Haut abziehen. Feigen entstielen und halbieren. Schafskäse trocken tupfen. Das Mehl unter die lauwarmen Zwiebelspalten heben. Zwiebelspalten auf dem Teig verteilen. Die Feigen mit der Schnittfläche nach oben darauflegen. Walnusskerne in die Zwischenräume geben. Schafskäse grob zerbröseln und auf den Zwiebelspalten und Feigen verteilen. Die Form auf dem Rost in den vorgeheizten Backofen (untere Schiene) schieben. Die Zwiebeltarte **etwa 30 Minuten backen.**

6. In der Zwischenzeit restlichen Saft und aufgefangenen Zwiebelsud zum Kochen bringen. So lange einkochen lassen, bis ein dickflüssiger Sirup entstanden ist (etwa 3 Esslöffel).

7. Die Form auf einen Rost stellen. Die Tarte in Stücke schneiden, mit den beiseitegelegten Kräutern garnieren und mit dem Sirup beträufeln.

REGISTER

Für Fragen, Vorschläge oder Anregungen stehen Ihnen der Verbraucherservice der Dr. Oetker Versuchsküche, Telefon 00 800 / 71 72 73 74, Mo–Fr 8:00–18:00 Uhr sowie Sa 9:00–15:00 Uhr zur Verfügung.

Kaiserstraße 14 b
D-80801 München

ISBN: 978-3-7670-1708-5
1. Auflage 2016

Projektleitung: Carola Reich
Redaktion: Annette Riesenberg
Rezeptentwicklung: Susanne Raht, Hamburg
Nährwertberechnungen: Angelika Ilies, Langen

Coverfoto: Stockfood, München
Foodfotografie:
Fotostudio Diercks (Thomas Diercks, Kai Boxhammer, Chistiane Krüger) Hamburg (S. 21, 26, 27, 33, 47, 55, 57, 60, 61, 64, 74, 75, 76, 77, 89, 98, 99, 107, 124, 125, 127, 128, 129, 133, 137, 139)
Eising Studio Food Photo & Video, München (S. 14, 15, 19, 65, 23, 25, 29, 31, 32, 37, 41, 45, 49, 53, 59, 63, 67, 72, 73, 79, 81, 83, 87, 91, 97, 105, 109, 113, 118, 119, 122, 123, 131, 135)
Stockfood, München (S. 65)
Janne Peters, Hamburg (S. 39, 43, 140)
Antje Plewinski, Berlin (S. 20, 70, 71, 101, 111, 114, 115, 117)
Hans-Joachim Schmidt, Hamburg (S. 88, 93, 95)

Grafische Gestaltung: seidl-design, Stuttgart
Lithografie: Jan Russok
Satz: Rainer Haselhorst
Herstellung: Büro 18, Friedberg/Bayern
Druck und Bindung: Lanarepro, I-Lana

Die Bücher und E-Books unter der Marke Dr. Oetker Verlag erscheinen als Lizenz in der ZS Verlag GmbH.
www.oetker-verlag.de
www.facebook.de/Dr.OetkerVerlag
Die ZS Verlag GmbH ist ein Unternehmen der Edel AG, Hamburg.
www.zsverlag.de
www.facebook.de/zs-verlag